# 내 마음 둘 곳은

이준희 세 번째 수필집

오늘의문학사

내 마음 둘 곳은

_ 작가의 말

  4월의 고운 빛을 품는다. 기쁨이 있고 슬픔이 있는 우리의 삶은 긴 여정이다. 지난날 긴 겨울의 추위에 따뜻한 아랫목 자리 차지하려던 아련한 기억들…….
  화롯불에 둘러앉아 알밤 구워 먹던 소소한 기억들이 새롭다. 겨우내 꼼지락거리며 자판을 두드리며 "내 마음 둘 곳은" 수필집을 마무리했다. 수필집을 발표할 때마다 근심 반 두려움 반 부담스러운 마음은 매한가지다. 독자님께 좋은 모습으로 보일지 의문표를 달아보기 때문이다. 일상에서 만난 이야기, 사람이 살아가는 오늘을 이야기하였다.
  어항 속에서 세상 돌아가는 모습을 볼 수 없는 금붕어처럼 반복되는 생활 속에서 언제쯤 환한 바깥세상을 구경할지 하염없이 기다리는 우리들의 모습이다. 세월이 가면 모든 것이 변한다. 어느 날 아침에 일어나 세수하고 거울에 비치는 나의 모습에서 어느새 부쩍 주름진 나를 발견한다.
  자연히 지난 세월의 그림자를 들여다보는 게 우리의 인생이다. 거울 속의 내 얼굴은 지난 세월의 삶을 알려주는 그리움이다.

어느 시인은 그리움이 없는 사람은 가난한 사람이라 했다. 옳은 말이다. 그리움이 없다는 것은 감성이 없는 사람이다. 아무 생각 없이 살아가는 게 요새 같은 세상에서는 좋을 수 있다. 다양한 사고로 고민하는 사회 속에서 어떤 게 진실이고 어떤 게 양심인지 구분할 수 없는 오늘의 현실 앞에 현기증을 느낀다.

마음 둘 곳 없는 이 땅에서 오늘을 살고 있는 우리에 비하면 그리움이 없는 사람이 더 좋을 것 같다. 하지만, 밤이 깊을수록 새벽이 더욱 찬란히 빛난다고 했다. 쥐구멍에도 볕 들 날 있듯이 정녕 우리 마음에 따스한 봄날은 올 것이라는 기대를 품어 본다.

아파트 담장에 개나리꽃이 만발이다. 노란색을 본 꽃샘추위 할멈이 봄기운에 놀라 화들짝 달아난다. 아지랑이가 나지막하게 엎드려 봄을 등짐 지고 오기 때문인가?

봄이 찾아왔기 때문이다.

　　　　　　　　　　　　2025년 봄이 오는 길목에서 이준희

_목차

작가의 말 • 5

# Ⅰ … 내 마음 둘 곳은

가을빛 • 12
가을 나들이 • 15
가을은 오고 있는가? • 19
가을을 그린다 • 23
강경 소금 문학관을 찾아서 • 27
고향에서 온 카톡 • 31
아날로그 문화와 디지털 문화 • 35
9월이 가고 있다 • 40
꿩 대신 닭이다 • 44
나는 찍는다 • 48
내 마음 둘 곳은 • 54
노인과 디지털 • 59
동짓날 • 64

## II … 서사를 잃어버린 시대

또 한 해가 저문다 • 70
라디오를 샀다 • 75
맨발로 걸어보자 • 80
명예로운 제복 • 84
모잠비크에서 온 편지 • 88
미학(美學)은 따로 없다 • 92
사랑의 김치 • 96
새해 아침 • 101
서사(敍事)를 잃어버린 시대 • 105
"서소문 밖 네거리" 시대의 기억을 탐방하다 • 110
서울 나들이 • 115
석파정(石坡亭)을 찾아서 • 120
설날을 맞으며 • 126

## Ⅲ … 아침 편지

소한(小寒) 날의 이야기 • 132
어떤 날의 일기 • 137
수련 꽃이 입술을 열었다 • 141
시간 저편의 안동별궁 터를 만났다 • 145
아침 편지 • 149
얼굴은 내 마음의 거울 • 153
오늘은 무얼 할 것인가 • 158
5월의 색 • 162
6월이 오면 • 166
을사년(乙巳年)을 맞이하며 • 171
이브(Eve) 날 아침 편지 • 176
일상 속의 이야기 • 181

## IV ··· 홍시가 알알이 달려있다

잃어버린 목욕 수건 • 186
입춘(立春) • 190
장독대 익어가는 서운암을 찾다 • 194
진실과 양심 • 199
처서(處暑)가 지났다 • 203
추분(秋分)이 왔다 • 207
7월이 가고 있다 • 211
탈북 엄마의 눈물, 비욘드 유토피아 • 215
태극기 사랑 • 219
팔월의 둥근달 • 223
하얀 눈(雪)이 내렸다 • 227
홍시가 알알이 달려있다 • 231

# I

## 내 마음 둘 곳은

# 가을빛

　　　　　　　　　　　　　　　　가을빛 하면 우선 여름 내내 두텁게 짓누르고 강렬했던 햇살이 가늘고 부드럽게 바뀌는 순간을 느끼게 한다. 이맘때의 빛은 비단처럼 부드럽고 투명하여, 마치 옛 초가집의 창호지를 뚫고 들어오는 엷은 햇살 같고, 청조한 여인의 얼굴이며 단아한 여인의 몸매와 같다.

　가을빛은 말없이 다가와 마음을 건네는 사랑하는 이의 눈빛과 같다. 덥지도 춥지도 않은 계절의 경계에서 지친 몸과 마음을 포근히 감싸 안는다. 가을의 오후, 문득 하늘을 올려다보면 그 깊고 푸른 하늘 아래 어지럽게 춤추는 바람을 따라 햇살이 은빛으로 번져나간다. 잡초 하나에도 다정히 내려앉은 가을빛은 마치

평범하고 보잘것없는 것조차 특별하게 바라보는 온화한 시선 같다.

여름의 생기와 짙은 초록빛이 빠져나간 잎사귀는 이제 가을을 맞이할 준비를 한다. 나뭇잎 하나하나마다 붉고 노랗게 물들 준비를 하며, 흩어질 때를 기다리는 듯 조용히 숨을 고른다. 이 고요한 변화 속에서 우리는 삶의 의미를 떠올린다. 가을빛은 그래서가 더욱 고요하고 아름다운 것 같다.

산책로를 따라 천천히 걸음을 옮기다 보면, 나도 모르게 지난날의 기억이 발자국마다 되살아난다. 가을빛 그늘 아래 서면 지나온 시간들이 선명히 비치고, 소소한 추억들이 그림자처럼 따라와 이야기를 건넨다. 어린 시절의 풍경과 첫사랑의 설렘, 잊고 지낸 사람들의 얼굴이 하나 둘 떠오르는 것은 아마 이 빛이 가진 신비로운 힘 때문일 것이 아닌가 싶다.

가을빛이 가득한 오후의 한가운데에 서서, 비로소 지난여름 내내 분주했던 마음이 진정되고 편안해진다. 바쁜 일상 속에서 잠시나마 머물러 과거의 나와 마주하는 시간이 소중한 위안이 되듯, 이 계절이 건네는 가을빛은 내 삶의 속도를 잠시 늦추게 하는 따스한 멈춤 표 같기도 하다.

천천히 저무는 가을 해가 노을빛으로 물들어갈 때면, 문득 어디론가 훌쩍 떠나고 싶다는 충동을 느끼게 하는 감칠맛 나는 빛이기도 하다. 삶의 무게를 잠시 내려놓고, 가을빛과 함께 한적한 길을 걷고 싶어진다. 그리고 다시 한번 조용히 옛 기억에 머무르고 싶은 나그네의 마음이며, 바쁜 일상에서 한숨 돌리며 잠시 쉬어가고 싶은 엷은 계절의 빛 가을빛이 아닌가 싶기도 하다.

'삶이 지칠 때면, 언제든 이 빛을 따라 걸어가리라.'

가을빛은 우리에게 단순한 빛이 아니라, 기억의 길이 되고 희망의 길이 되어주는 것인지 모른다. 오늘도 그 길 위에 서서, 잊혔던 추억과 마주하는 것이 참으로 아름다운 계절의 빛 가을의 빛이 아닐까 하는 생각이다.

## 가을 나들이

오랜만에 시골집 언양에 들렀다. 올여름은 무척 더워 나이 든 사람은 거동하기에 무척 힘든 날씨다. 물론 시골집에도 에어컨도 있고 널따란 마당과 정원도 있다. 몇 번이고 대전에서 내려가려 했으나 게으름을 피우다 보니 내려가지를 못했다. 핑계는 날씨가 무덥다는 이야기다. 수시로 상추, 감자, 고구마, 고추 등 갖가지 채소를 택배로 보내주는 체제가 고맙고 미안한 마음이다.

도심 마트에서는 갖가지 채소가 있으나 믿지 못한다. 말로는 청정 채소라 하지만, 가족이 직접 키운 것만은 못할 것이라는 생각이다. 덩그런 집을 혼자 지켜주는 처제의 마음 쓸쓸이 살갑다.

오늘은 무더위도 한풀 숨죽이고 아침, 저녁이면 가을을 느끼는 터라 한번 다녀오겠다고 아내와 함께 집을 나섰다. 울산역(언양)까지 차를 가지고 마중까지 나온 처제가 고맙다. 오는 길에 처제가 마음에 두었다는 아파트가 있다고 하며 한번 가보자고 하기에 구경삼아 들른다. 시골 아파트는 꽤 오래된 것 같고 엘리베이터도 없는 5층 건물이다. 썩 내키지 않은 건물을 둘러보고 나오는 길에 배가 출출하다. 때맞추어 처제가 저녁 식사를 하고 가자고 하기에 얼른 식당에 들렀다.

  시골 식당이지만, 깔끔하게 생긴 현대식이다. 요즘은 산골짝에도 커피숍이 가는 곳마다 진을 치고 있다. 도심에서 살다가 신선한 공기가 있는 자연을 찾는 게 현실이고 보면, 산골에 커피숍을 찾는 게 이상하게 생각되지 않는다. 식당도 마찬가지다. 안으로 들어서니 산뜻하게 디자인을 한 식당이다. 번잡한 도시 식당보다 오히려 분위기가 좋은 것 같다. 한적한 산속의 식당, 자연과 어울리는 모양새가 잠잠하고 다소곳하다. 젊은 청년이 운영하는 것 같다. 메뉴판도 현대식이다. 종이판이 아닌 전자 메뉴판이다. 인공지능 시대의 느낌을 받는 기분이다.

  먹고 싶은 음식 사진을 클릭하면 주문이 되는 현대식 메뉴판이 이곳에서도 사용되고 있다. 순 두붓국을 주문했다. 깔끔하게 차려진 순두부를 먹어보니 별미다. 순두부에다 면도 곁들어서인지 내 입에 딱 맞는 얼큰하면서도 시원한 맛이다. 잘 먹었다는 인사를 남기고 한참을 달려 집에 도착하고 짐을 푼다. 짐이라야 자그마한 크로스 밴드 가방이다. 한때는 배낭을 메고 다녔으나 이제는 간단하게 다니려고 생각을 바꾸었다. 그간 처제가 부지런히 가꾼 정원에 꽃들이 가득하다. 진흙탕이던 마당을 처제가 자갈을 깔아서 깔끔하게 포장했었다. 처제의 애쓴 흔적이 여기저기 보인다. 방안도 책상 소파 등 위치 변경을 하여 신혼 방처럼 꾸며놓았다. 역시 부지런한 처제다. 아내와 처제는 오랜만에 만났다고 늦은 밤까지 이야기꽃을 피운다.

휴대폰에서 까꿍 하며 카톡 소리가 울린다. 얼른 열어보니 딸내미가 보내온 사진이다. 집에 키우고 있는 몰티즈 두 녀석, 금순이와 별이가 우리가 오기를 기다리며 현관문 앞에서 기다리고 있다. 재롱 끼 많은 똑똑한 녀석들의 표정이 애잔하게 느껴진다. 우리가 나들이 갔다 오면 올 때까지 현관문 앞에서 줄곳 기다리다 그 자리에서 잠을 자는 귀염둥이들이다.

녀석들에서 진실을 보고 배우는 오늘이다. 며칠 후 집에 가면 반갑다고 소리소리 짖으며 꼬리 흔들며 환영식을 해줄 녀석들을 생각하며 잠을 청한다. 다음 날 아침 마당에 나오니 신선한 공기가 가슴속 깊이 파고든다. 돌담 너머에는 누렇게 익은 벼가 고개를 숙이고 겸손의 미덕으로 다가온다. 저 멀리 강 너머 산 아래 집의 굴뚝에서 모락모락 연기가 나는 걸 보니 오랜만에 만나보는 소담한 시골 마을의 냄새를 느껴본다.

문득 고향 생각이 나는 것은 정해진 순서인가 싶다. 아내가 아침 걷기 운동을 하자며 나를 이끈다. 가는 길목마다 이름 모르는 야생화와 보랏빛 나팔꽃이 아침 이슬을 잔뜩 품고 아침 햇살에 반짝인다.

강가에는 저어새가 날고 있고 청둥오리는 머리를 물속에 처박고 꼬리만 하늘을 향해 살랑거린다. 평화로운 시골 아침의 풍광이다. 집에 도착해 만보기를 보니 6천5백보다. 아침 걷기 운동하고는 제법 많이 걸은 것 같다. 시원한 냉수 한 모금 마신다. 목이 트이고 가슴이 탁 트인다. 모처럼 찾아온 보람이 있어서인가. 오랜만에 신선한 가을의 아침을 만났다.

## 가을은 오고 있는가?

내일 모래가 추석인데 9월의 무더위는 가시질 않고 8월의 여름날처럼 35도를 오르내린다. 오늘도 이른 아침 산책을 다녀오니 온몸이 땀범벅이다. 지구가 열을 받은 것일까? 세계 이곳저곳에서는 각종 재해가 일어나 많은 인명과 재산을 앗아 같다. 오늘도 무더운 여름 날씨다. 추석이 다가오면 오곡백과가 무르익고 살랑거리며 불어오는 가을바람이 옷깃을 스칠 때면 나도 모르게 불쑥 무작정 어딘가 떠나고 싶은 생각이 솟아나는 감성의 계절인데, 올해는 무슨 일인지 가을이 오는 건지 아니 오는 것인지 느낌을 받을 수 없다. 답답한 마음은 나만이 아닐 것이라는 생각이다. 보름 남짓 남은 10

월 1일이면 설악산에서는 단풍 소식이 들리는 게 정상적인 우리나라의 기후인데 아열대 지역으로 옮겨가는가 싶어 물음표를 달 수밖에 없다. 며칠 전 동네 부동산 사장으로부터 전화가 왔다. 무슨 일인가 싶어 얼른 휴대전화를 열어본다.

집에 있는 밤나무에서 밤을 많이 수확해서 나누어 먹으러 가져왔다고 하며 가져가라고 한다. 그새 가을이 온 건가. 토실토실하고 생생한 밤을 보니 미처 가을이 온 것을 여태 모르고 지낸 것 같다. 한 되박을 얻어 오니 아내가 조금만 맛보자고 하며 먹을 만큼 찜통에 넣는다. 알맞게 익은 가을 맛을 보는 순간이다. 먹어보니 오랜만에 입이 호사한다. 밤 한 톨이 가을을 그렸다.

오늘 아침에 위층에서 땅콩을 잔뜩 가져왔다. 도시 생활에서 기대할 수 없는 이웃 간의 정이다. 근교에서 텃밭을 일구고 있는 부부가 보내 준 가을 선물이다. 각박한 세상에서 이웃과 정을 나눌 수 있는 고마운 마음에 입이 함박웃음이다. 잘 먹겠다는 인사는 빠지지 않은 게 인간의 주고받는 정이 아닐까 싶다. 계절상으로는 가을이 분명한데 더위가 그칠 줄 모르니 아예 계절을 잊은 것 같지만, 그래도 미련이 있어 길게 목을 내밀며 애타게 기다리고 있음은 모두가 한마음이 아닐까 싶다. 지난 7일은 절기상 백로(白露)이다.

24 절기 중 15번째로 태양이 165도가 될 때다. 가을 기운이 완연하고 농작물에 이슬이 하얗게 맺힌다고 하여 백로(白露)라 한

다. 강가에 윤슬이 아름다운 것처럼 아침 이슬이 빛나는 모양은 풍년을 예감하는 손짓이기도 하는 것 같다. 백로에 비가 오면 십리 천석(千石)을 늘린다고 하여 옛 어른들은 이 무렵에 비가 내리면 풍년이 올 수 있는 조짐이 있다고 했다. 추석이 코앞이다. 추석은 농경사회에서부터 지금까지 우리 민족에게는 중요한 연중 최대의 명절이다. 수확의 계절이기 때문이다. 잘 익은 농산물을 하늘과 조상님께 감사하는 추수 감사제를 올리는 순박한 우리 민족의 풍속이다. 추석은 가베일(嘉俳日) 한가위, 팔월대보름 등으로 부른다. 옛날에는 추석 때 한복을 입고 햅쌀로 빚은 송편과 햇과일, 토란국 등의 음식을 장만하여 추수 감사제를 지내고 이웃과 음식을 나누어 먹었다. 아무리 어렵게 사는 사람도 함께 음식을 나누었기에 일 년 열두 달 365일 더도 말고 덜도 말고 한가위만 같아라."라는 말이 생겼다.

  이러한 한가위도 이제는 멀리 여행을 떠난 것 같다. 세월의 변화가 가져다준 현대라는 세상에서 보면 먼 옛이야기로 들릴 수밖에 없다. 도시에는 온통 아파트 숲이고 보니 이웃 간의 정이 사라진 지가 오래다. 앞집 위층 같은 라인에서 살면서 인사가 오가지 않은 환경에서 떡을 빚고 이웃과 추석을 즐길 수가 없지 않은가. 농촌 역시 세월의 흐름을 따를 수밖에 없다. 담 너머로 음식을 넌지시 건네던 그 옛날의 소박했던 정서는 사라진 지가 오래다. 조금은 아쉽지만, 변화되고 있는 세월 탓으로 돌릴 수밖에 없다. 하늘이 높고 푸르고 온갖 곡식이 영글어가는 계절, 산들바람을 가슴속에 품어 보아야 할 터인데 무더위는 언제쯤 물러갈지 궁금하지만, 그래도 가을을 알리는 토실토실한 밤 선물을 받았으니, 가을이 저만큼 오고 있다는 사실에 반가운 미소를 지어 보아야 하겠다. 오늘도 힘들게 살고 있는 어려운 이웃에게도 팔월 한가위의 둥근달이 구석구석 찾아들어 쥐구멍에도 볕 들 날 있듯이 행복을 받는 한가위가 될 것을 기원하며 가을은 오고 있는 가 하고 의문표를 찍어본다.

## 가을을 그린다

　　　　　　　　　　　　　　지금 삼락공원에 가면 가을을 만날 수 있다. 도심 속에서도 즐거움을 만날 수 있고 이야깃거리가 있는 곳이다. 상큼한 풀 냄새와 솔솔 불어오는 강바람이 콧등을 간지럽게 하고 억새와 갈대 사이의 오솔길을 따라 걷다 보면 저만큼에 가을이 뚜벅걸음으로 오고 있음을 느낄 수 있다.

　길섶에는 풀벌레 뛰노는 소리가 귀를 간지럽게 하고 지나치는 발아래에는 이름 모를 야생화가 잠시 발길을 멈추게 한다. 저만큼 갈대 사이 오솔길을 노부부가 산책하는 모습이 정겹게 보이고 뒷모습에는 지나온 삶의 모습이 엿보이는 듯하다. 지나온 길에는 무수한 사연이 있지 않았겠는가. 6.25 전란을 당했을 것이고 허리띠를 졸라매고 피땀으로 힘든 보릿고개를 넘으신 분들이다. 눈물과 한숨으로 격동의 한세월을 보낸 지난 일들을 이야기하며 오솔길을 걷고 있지는 않은지. 지나가면 모두가 추억이다.

잘 가꾸어 놓은 삼락공원에는 휴일을 맞아 가족 단위로 푸른 잔디밭에 여기저기 모여 앉아 휴일의 하루를 즐기는 모습들이며, 모처럼 공부에서 해방된 꼬맹이 녀석들이 오늘은 제 세상을 만난 듯 뛰놀기에 정신이 없다. 아이들은 그저 풀어서 키워야 한다. 자연과 더불어 살아가는 방법을 알려야 하는데 현실은 그렇지 않다.

남의 자식에게 질세라 학교 파하면 학원행이다. 일요일도 없고 휴일도 없다. 밤낮으로 공부다. 줄 세우기로 변화된 사회 앞에는 뾰족한 수가 없지 않은가. 그러나 오늘만큼은 자유다. 뛰어노는 모습이 너무나 좋아 보인다. 아이들이 신나게 뛰어노는 저쪽 강가 한쪽에서는 삼겹살 굽는 냄새가 코끝을 유혹하고 소주잔이 오가며 세상살이 이야기가 한창인 듯하다.

넉살만 좋으면 슬쩍 옆에 자리하고 싶지만, 선뜻 용기가 나질 않아 곁눈질만 하고 지나칠 수밖에 없다. 옛날 같으면 옷소매 잡고 한잔하고 가라고 했을 태지만, 요새 세상살이 인심은 그리 넉넉지 않다. 그 인심 다 어디로 갔는지. 강가에는 세월을 낚는 강태공의 모습이 한가롭고 드리워진 낚싯대는 시간의 흐름을 잠시 멈추게 한다. 저 멀리 게이트볼 코드에는 할아버지 할머니가 무리를 지어 게이트볼 치느라 재미가 한창이고 둔탁하게 들려오는 볼 소리가 푸른 잔디와 창공을 가른다. 화려하게 차려입은 운동복이 멋져 보이고 노익장을 과시한다. 청춘 만만 새다. 한때는 경제활동을 위해 이런 여유가 있었겠는가. 아들딸자식들 뒷바라지하느라 앞뒤 살필 틈이 없었겠지만, 그동안 노력한 보람이 있어 지금은 노후를 즐기는 모습들을 보니 마음 한쪽에 훈훈한 온기가 다가옴을 느낀다.

공원 입구 쪽 롤러스케이트장은 남녀노소 구분 없이 활기가 넘치는 곳이고 만원사례다. 화려한 운동복과 멋있는 장구를 갖추어 달리는 모습이 너무도 좋아 한번 타보고 싶은 욕구가 생기지만 어림없는 생각이다. 젊은 시절에 스케이팅한 경력이 있어 탈 수는 있겠지만, 지금은 무릎 관절이 좋지 않아 그림의 떡이다. 그렇게 좋아하던 테니스도 접은 지 오래되고, 등산도 포기한 지 오래다. 조금은 아껴 두어야 하지 않겠는가.

롤러스케이트장 맞은편 잔디밭에서는 연날리기가 한창이다. 늙수그레한 연 꾼이 꼬리연을 줄줄이 이어 하늘 저 멀리 올려놓고 느긋하게 무게를 잡고 있는데, 연 꾼 주변에 사람이 모이자 신바람이 나는지 한껏 묘기를 부려 주위 구경꾼의 시선을 즐겁게 한다. 아기자기하게 꾸며놓은 삼락 공원은 살아 숨 쉬는 곳. 사랑하는 이들의 숨결 같다. 쪽빛 하늘에 펼쳐진 하얀 구름이 가을의 정취를 느끼게 하고 들판에 가득히 뿌려진 억새는 은빛을 발한다. 삼락공원은 시방 가을을 그리고 있다.

# 강경 소금
###    문학관을 찾아서

　　　　　　　　　　　　　　　이른 아침 카톡 소리 요란하다. 휴대폰을 열어보니 지인으로부터 온 아침 편지다. 내일 논산 강경에 있는 박범신 소금 문학관에서 콘서트가 있으니 작가 얼굴도 볼 겸 함께 가자고 한다. 하필이면 중요한 행사가 있는 날인데 난감했다. 조금은 갈등스러웠으나 지인을 따라가기로 마음을 고쳐먹었다. 한 시간 십여 분을 달려 강경산 소금 문학관을 찾았다.

　생각보다 일찍 도착하였던 터라 우선 점심을 해결하고 주변을 돌아보면 콘서트 시간을 맞출 수 있을 거라는 지인의 이야기를 듣고 우선 식당에 들렀다. 금강산도 식후경이라는 옛 어른들의 말씀이 슬쩍 머리를 스친다. "연산 대추 꽃피는 밥상"이라는 식당으로 안내를 한다. 지인은 논산 출신이고 논산 대건, 고등학교에서 교직으로 근무하다가 건강상의 이유로 명예퇴직을 한 분이다. 덕분에 논산과 부여 일대의 고적을 두루 살펴볼 수 있게 해준 행운의 지인이다. 시골식당이지만 뷔페식이다. 생각보다 먹을거리가 꽤 좋은 편이다.

식사를 마치고 다음 코스로 이동한다. 지천에 있는 연산역이라는 시골 간이 기차역이다. 지금은 시간이 멈춘 역이다. 지금은 이용하지 않는 역이지만 관광객을 유치하기 위해 폐쇄를 하지 않고 개방하고 있다. 옛 추억을 못 잊어 찾아오는 이도 있고 어린아이를 데리고 체험교육을 시키려고 온 관광객도 꽤 많았다. 역사 안으로 들어가 보니 매표소도 있고 연도를 알 수 없는 달력이 6월에 멈추고 원형 벽시계는 1시 30분을 알리고 시간이 멈추고 있다.

손님 없는 대합실은 내 어릴 때의 모습이 녹아있는 듯하다. 기차가 쉬어가는 마을, 어느 화가가 그린 연산역사를 멋지고 정겨운 모습으로 그렸고. 특히 어린이를 위해 열차 객실을 리모델링하여 옛 기차역의 체험 장소로 활용하고 지역 주민은 관광객 유치를 위해 많은 공을 들인 것 같다. 주변을 둘러보고 문학관에 도착하니 콘서트를 막 시작할 것 같아 얼른 사진 촬영하기가 좋은 앞쪽 좌석을 택했다. 화려하지도 않은 소박한 콘서트장이다.

콘서트를 한다는 것을 어떻게 알았는지 많은 팬이 찾은 것 같다.

유명 작가의 얼굴 한번 보고자 싶어 왔기에 보람 있는 시간을 기대해 본다. 오늘의 주제는 당연히 소금이다. 박범신의 대표작 "소금"을 읽어본 지가 꽤 오래되어 기억이 가물가물했었는데 작가를 만나 소금의 집필 과정과 작가의 속내를 들여다보니 대충 생각이 떠오르고 이해를 하게 된다.

창작의 힘은 어데서 오는 것일까. 팬들의 질문에 흔들림 없이 솔직한 작가의 고뇌도 곁들인다. 요즘도 작품을 쓰고 있다고 한다. 그리 머지않은 시간에 만날 수 있겠다고 하니 기대를 해본다. 소금의 작품에서 만난 얼굴과 대면하고 있는 얼굴을 보니 순박한 시골 농부의 모습이 풍긴다.

소박한 모습이 오래도록 남을 것 같다. 부드러운 목소리, 팬들이 좋아할 수밖에 없는 자연스러운 표정, 흔하게 볼 수 있는 보통 사람의 얼굴이다. 수수한 문학인의 참모습이 그려져 있다. 문학관 코앞에 강경포구가 있다. 요새는 배가 소금을 잔뜩 싣고 들어오지 않지만, 먼 옛날 여느 때는 꽤 호황을 누렸던 강경포구이다.

그때의 영광스러운 모습이 지워질까 두려워서인가. 흔적을 지우지 않으려고 애써 지금은 간이 나루터를 만들어 배를 세척이나 띠어 보존하고 있었다. 관련기관인 읍에서는 처음 문학관 위치를 읍내에 건축하겠다고 하기에 박범신 작가는 강경포구 앞에 지을 것을 고집해 작가의 뜻에 따라 이곳 강경포구에 소금의 문학관을 건축했다고 한다.

　작가의 생각이 바르다는 생각이다. 젓갈의 고장, 소금이 들어오는 강경포구가 문학관과 어울리는 게 의미가 있다고 누구나 생각할 일이다. 탁상행정에 잘 길들어진 담당자와 관련 위원들이 생각을 자칫 판단을 잘못했으면 의미 없는 문학관이 될 뻔했다.

　콘서트가 끝나자마자 팬들이 우르르 몰려든다. 남성들은 보이지 않고 모두가 여성뿐이다. 극성스러운 팬 때문에 작가와 기념사진 한번 찍어보려 했는데 허사가 되었다. 지인과 함께 문학관을 나와 길 건너에 있는 강경포구에서 저물어 가는 저녁노을에 그림자 드리운 강경포구의 모습을 카메라에 담았다. 저녁 하늘이 낭만으로 색칠하고 있고, 저 멀리서 소금을 잔뜩 실은 선박 한 척이 젓갈의 고장 강경포구로 들어오는 듯 옛 뱃고동 소리가 은은히 들려오는 환상에 머물고 있었다.

## 고향에서 온 카톡

요즘은 자고 나면 날씨 걱정이다. 늦은 저녁 내일의 일기예보를 일찌감치 검색해 본다. 혹여나 기온이 많이 떨어지면 나들이 못 할까 싶어 궁금하기 때문이다. 아침 6시 알람이 울리면 만사를 제쳐놓고 휴대폰을 열어본다. 어제저녁에 알려준 기상예보와 다르진 않은지 살펴보는 게 하루를 출발하는 첫 번째 일이다. 오후가 되면 영상 6도라고 알린다. 다행한 일이다. 산책 정도 하기에는 별일이 없는 예보가 반갑다. 내가 사는 아파트에서 그리 멀지 않은 수목원에 다녀올 생각이다.

한 바퀴 돌아오면 두어 시간은 족히 걸린다. 빠른 걸음이 아닌

느림보 걸음으로 사색도 하며 걸어볼 생각이다. 빠른 걸음보다 느린 걸음으로 사물과 이야기하며 사색하는 게 건강에 좋다는 의사 선생님의 이야기를 듣고부터는 느린 걸음으로 산책을 즐긴다. 휴대폰에서 까꿍 하는 카톡의 울림에 휴대폰을 열어본다. 고향 동문으로부터 온 반가운 소식이다. 안동 하면 양반의 고장, 정신문화의 도시라는 자긍심을 가지고 있는 곳이 내 고향 안동이다.

도산서원 지나칠 때는 성리학 냄새가 물씬 풍기고 하회마을 들어서면 탈춤과 별신굿에 엉덩이 들썩거린다는 해학이 있는 고장이다. 카톡을 보낸 주인공은 하회마을 목석원에서 천하대장군 장승을 제작하는 작가다. 안동에서 명성을 얻고 있다지만, 전국에서도 알만한 사람은 알고 있는 천하대장군 장승 조각 작가로 유명한 "타목"김종홍 작가다.

1999년 4월 21일 오전에 영국 엘리자베스 2세 여왕이 안동 하회마을을 방문했을 때 스님 복장을 하고 여왕의 생일잔치 등을 기획하고 안내 역할을 했다. 요새도 서로의 안부를 물어보는 끈끈한 사이로 지내고 있다. 며칠 전 연락이 왔었다. 새해 특집 첫 방송 KBS 1 방송에 나오는 프로그램 중 이만기 동네 한 바퀴에 출연한다고 방송 일자를 알려 왔는데 그걸 깜박 잊어버렸다. 멀리 안동에서 이곳 대전까지 알려온 소식인데 사고를 치고 말았다. TV 본지가 까마득해서 신경 줄 놓은 탓이다. 요즘 TV 보는 인구가 얼마나 될까? 대부분 스마트폰을 이용하여 각종 정보를 듣고 영화도 보는 세상이다. 노인정에나 가면 볼 수 있고 한쪽에서는 10원짜리 동전으로 고스톱 하느라 정신이 없다. TV 소리만 요란하게 혼자 놀고 있는 현실이다.

  핑계는 나이 탓으로 돌린다. 하기야 가끔은 깜박깜박하는 횟수가 더 많아지는 나이니 더러는 나도 모르게 깜짝 놀랄 때도 있다. 때마침 방학이 되어 딸애 학교 선생님이 단체로 안동에 2박 3일간 연수회를 한다며 아침 일찍 떠났다. 늦게 생각이 떠올라 카톡으로 연락을 했다. 혹시 안동 하회마을에 들르면 목석원(장승 공예작업장)에 들려 타목 작가에게 아버지 안부 전하라고 했다. 무엇이 그리 바쁜지 저녁이 되어도 답이 없다. 전화로 다그쳐 물어볼 수도 없어 벙어리 냉가슴 앓듯이 혼자만 마음이 복잡스럽다.

  고향에 다녀온 지가 수년이 되었다. 이육사 문학관 관장인 친구의 초대로 이육사 생가에서 하룻밤을 지낼 때, 대청마루에 켜둔 알전구에 나방이 제철 만난 듯 날아드는 밤, 육사 선생님의 고명딸인 이옥비 여사와 함께 차를 마시던 기억도 가물가물하다. 따뜻한 봄날 3월이 오면 꼭 찾아보겠다는 마음을 가지고 있다. 고향에는 일가친척이 없다. 다들 고향을 떠나 살기에 가보았자 죽마 고우를 만나 보는 일이다. 넉넉한 마음으로 돌아보자면 며칠은 호텔에서 묵어야 할 것 같다. 나이가 들면 먹는 것과 잠자리는 좋은 곳에서 먹고 자야 한다. 대전은 서울과 부산 사이에 있어 여행하기에는 딱 좋은 위치다. 지난 가을날 단풍 구경 겸 대원군의 별장이었던 석파정에도 들렸고 서대문 네거리 역사박물관에도 들렸다. 서울에 갈 때 잠자리는 호텔을 이용했다. 딸애가 예약을 해주는 덕분에 힘들지 않고 다닌다. 한옥 체험도 하고 제법 이름 있는 호텔에도 들린다. 백발노인네이지만, 노신사 흉내라도 내어야겠다고 멋도 부려본다. 나이가 들수록 곱게 늙고 깨끗한 몸가짐을 해야 제대로 대접을 받는 세상이기 때문이다. 데스크에 있는 호텔직원은 웬 시골 노인네가 이런 호텔에 오는가 하는 표정을 느낄 수 있지만, 어림없는 일이다. 젊은이 못지않게 노련미를 과시했다.

  늦은 시간 딸애로부터 연락이 왔다. 하회마을은 들리지 않았다고 한다. 할 수 없다 싶어 "타목"작가에게 카톡을 보낸다. 옛날 사진 활동을 할 때 작가의 목석원에서 야간 촬영을 했다. 본인이 멋진 연출을 보여준 사진을 카톡으로 전송을 했다. 옛 추억이란 제목으로…… 그리고 시방 수필을 쓰고 있다며 당신의 이야기를 담은 수필집이 봄날쯤 탈고를 할 것이라고 덧붙인다. 그리고 좋은 밤 되시라고 안부를 전한다.

# 아날로그 문화와
## 디지털 문화

　　　　　　　　　　　　　　　　추사 김정희 하면 누구나 귀에 익은 이름으로 알고 「세한도」를 떠오르게 한다. 인터넷에서 검색하던 중에 수업 시간에 듣고 보아온 문인화 추사 김정희 선생의 작품을 만났다. 옛적부터 명작이라고 평가된 작품이기에 오늘을 사는 우리는 선생의 작품이 대접받는 게 당연하다는 생각이다. 그림을 볼 줄 모르는 나 같은 무뢰한에게는 오래도록 자리를 지키지 못하며 대충 눈 맞춤만 하고 슬쩍 지나치게 된다.

　　요즘은 취미생활로 그림도 그린다. 전공은 아니지만, 지역대학 평생교육원에서 한 해 동안 배운 덕분으로 수채화도 그려보고 아크릴물감으로도 그려본다. 그러고 보니 전시장을 자주 찾게 된다. 추사 김정희「세한도」에는 두 사람의 가슴 뭉클한 사연이 있다. 갈라진 붓으로 그림을 그렸고 발문까지 썼다. 동그라미 창이 있고 기다란 초가집과 곧게 선 나무에 노송이 기대어진 모습은 떨어져 있는 구도보다 좋아 보인다.

　초가집과 나무를 그리고 나서 발문을 통해 추사의 속내를 알 수 있다고 한다. 권세를 잃고 고립무원 유배자에게 사재 간의 의리를 저버리지 않고 북경까지 가서 귀한 책을 사서 보내 준 역관 이상직의 고마운 마음에서 그림을 그렸다는 것은 이미 알고 있는 사실이다. 날씨가 추워진 뒤에도 흔들림 없이 서 있는 소나무와 잣나무의지에 비유하여 고마운 마음을 전하였다는 이야기다.

　한편으로는 소나무와 잣나무를 보고 추운 겨울날에도 너희들은 우뚝 서 있구나 하면서 자신의 처지를 표현한 그림이라고 전해지고 있다. 그림을 보면 한 채의 집을 중심으로 좌우에 두 나무가 대칭을 이루고, 주변을 텅 빈 여백으로 처리하여 간략함을 보여주며 비움의 미학으로 표현했다. 동양화와 수묵화를 보면 여백의 아름다움을 볼 수 있다.

　여백을 남기는 것은 수묵화의 특징이며 화폭에서 어디를 얼마만치 비우냐가 중요하다. 여백의 아름다움, 비움의 미학이라고 늘되 새기고 있다. 문인화는 미술적 기교보다는 그 그림을 그리

게 한 동기나 제목 등이 중요하다고 한다. 나도 학창 시절 역사 교육 시간에 들은 명작이라는 말에 그저 그런가 하고 수긍만 하였을 뿐 그 의미가 희미하게 스치었다. 그림을 보면 창은 둥그렇고 초가집은 길쭉하기에 명작이라고 이해가 되지 않았으나 문인화에서 가장 중요시하는 사의(寫意)를 잘 나타내는 그림이기 때문이라 했다.

그림 그 자체보다는 그 의미가 중요하다는 이야기를 듣고 숨을 죽였다. 전시장에 가면 문인화나 서양화나 추상화는 작가의 내면을 표현하기 때문에 감상하는 이들이 감당하기 어려운 부분도 없지 않다.

도슨트의 설명 없이는 이해하기 어려워 대충 보고 지나친다. 나만의 감상법이다. 어떻게 이해해야 할 것인가. 죽치고 있어 보아도 답이 없기 때문이다. 얼마 전 대전시립미술관에 들렀다. 대전과학예술 비엔날레(너희가 곧 신임을 모르느냐)를 관람했다. 전시장에 들어가 한 바퀴 살펴보니 무엇인지 이해가 되지 않고 머릿속이 하얗다. 할 수없이 도스튼의 도움을 받아 뒤따르며 귀를 쫑긋 세우고 설명을 듣고 겨우 이해했으나 돌아서니 남는 게 없다.

감동이 없고 와닿는 게 없으니, 설치작품을 이해하려는 노력이 부족한 것 같다. 모든 작품이 영화의 한 장면을 상기시킨다. 모든 작품이 하나같이 빔프로젝터로 스크린에 비춘다. 동영상을 찍은 것 같다. 모두가 기계에 의존하여 자기의 내면 그리고 현재의 환경 등 작품 모두가 미디어 아트(Media Art)이기에 이해하기 어려운 것은 당연한 일이다 싶다.

　미디어 아트는 기존의 예술과는 달리 작가와 관객의 상호 작용에 있다. 전통적인 예술, 즉 회화나 조각은 정적인 제작물로서 심리적 상호 소통이 우선인 데 비해서 미디어 아트는 대중매체를 이용함으로써 대중과의 소통이 은유적인 것에서 직접적으로 바뀐 것이다. 대중매체가 발달한 오늘날 미디어 아트는 단순한 예술을 넘어서 일상으로 발전하는 모양이다. 일반 회화 작품이나 문인화 같으면 대충 눈 맞춤할 수 있지만, 인공지능 시대라서인지 멍만 때리고 나올 수밖에 없는 오늘의 시대에 살고 있다. 앞으로는 AI가 작품을 만드는 세상이 곧 다가온다고 생각하니 씁쓸한 기분이다.

　과연 인간의 내면성을 표현할 수 있을까 하는 의문이다. 과학의 발달은 때에 따라 인간의 순수성과 존엄성을 해치게 된다는 사실에 놀라울 수밖에 없다. 인간의 아름다운 품성이 한갓 기계에 의존하고 복종한다는 미래의 세상을 어떻게 받아들일까?

　다시 한번 추사 선생의 세한도(歲寒圖)를 생각해 본다. 거칠고 메마른 붓질을 통하여 한 채의 집과 고목이 풍기는 스산한 분위기를 그려내는 지성 높은 작가 내면의 세계를 오래도록 간직해야겠다. 옛것이 좋다. 사람 냄새가 풍기는 옛적의 생활이 가끔은 그립기도 하다. 필자는 항상 옛것을 좋아하고 사랑하고 있다.
 집안의 가구들도 선인들의 손때가 묻은 고전적 냄새가 풍기는 것들이 대부분이다. 과연 디지털(digital) 시대가 좋을지 아날로그(anaiog) 시대가 좋을지는 나름대로 선호도가 다르겠지만, 나이가 많아 서툴러서인지 아날로그가 좋다는 생각이다. 그래서인가 요즘 그리는 그림은 대부분 우리의 색, 우리의 멋, 오방색을 모티브로 하여 볼품없는 작품이지만, 나름 긍지를 갖고 오늘도 캔버스에 붓질을 하고 있다.

# 9월이 가고 있다

9월이 가는 마지막 주말 지인과 함께 논산 김홍신 문학관에 들린다. 오후 3시부터 개관 5주년 기념행사에 작가의 콘서트와 함께 법륜스님의 즉문즉설이 있다고 한다. 김홍신 작가와 법륜스님은 오랫동안 친분을 쌓고 있기에 참여를 한 것 같다. 함께한 지인은 김홍신 작가와는 같은 논산 출신으로 친분이 있고 선 후배 사이라 꼭 가보아야 한다며 나를 초대했다. 행사 시간을 맞추어 출발했으나 주말의 극심한 교통체증으로 30여 분간 도로에서 서성일 수밖에 없다. 지인은 안절부절못한다. 나 역시 난감하긴 마찬가지다. 막혀있던 도로가 겨우 트였다. 까닥하면 행사 시간에 제대로 도착할 수가 없는 듯 지인은 빠른 속도로 달려갔지만, 행사장은 이미 문전성시를 이루었다. 행사는 실내에서 하지 않고 야외에서 차양을 치고 행사를 진행하고 내가 받은 안내 팸플릿 뒤쪽에는 791번째라고 적혀있다. 791번의 숫자는 도착한 순서이고 행운의 추첨 번호라 한다.

앞면에는 500명에 한정하여 작가의 소설집을 기념품으로 준다고 했다. 500번을 한참 지난 번호표이니 책 선물은 포기하여야 했다. 앉을 자리가 없다. 누굴 원망할 일이 아니다. 우리 잘못이고 꽉 막힌 도로에 화풀이할 일도 아니다. 프로그램을 보니 김홍신 작가와 서혜정 책이야기마당이 있고 논산 아리랑에 바리톤 정경, 지연아 국악인이 협연하며, 구창모 가수도 출연하였다. 그리고 덤으로 소박한 차림의 잔치가 곁들인다. 잔치 국수와 닭강정 등 다양하다.

작가와 북 토크를 함께하는 서정혜 진행자는 재미있게 이끌어 갔으며 가끔 자기 홍보를 잊지 않는다. 로마 바티칸에 들어서면 본인의 음성을 제일 먼저 만난다고 했다. 역시 프로다운 재치 있는 말솜씨다. 아마 KBS 성우 출신이며 현재는 프리랜서로 활동하고 있는 듯했다. 법륜스님의 즉문즉설은 가는 곳마다 대성황을 이루고 있는 것으로 명성을 얻고 있는 것은 다들 익히 알고 있다. 대부분 TV 또는 유튜브를 통해 많이 대해본 장면들이다. 오늘도 역시 질문자가 많았고 폭소가 터지는 건 어딜 가나 마찬가지다. 무엇이 그렇게 힘든 삶인지 대부분 여성의 하소연이다. 스님의 답변은 간단명료하고 시원시원하다.

때에 따라서는 질문자가 무안함을 느낄 때도 있다. 어쩔 줄 몰라 멍하니 서 있는 질문자를 위해 응원의 박수가 뒤따른다. 박수 소리가 요란했다. 요즘같이 이웃을 모르는 야박한 세상에서 인정 넘치는 박수 소리에 아직은 살만한 사회라는 생각에 가슴이 멍했다. 마지막 질문자는 변호사였는데 통일에 대한 법륜스님의 생각을 물었다. 통일에 관한 생각은 누구나 각자 다를 것이라며 찬성하는 이도 있을 것이며 반대하는 사람도 있을 것이라며 최종 결론은 전쟁은 절대 해서는 안 된다는 이야기에 공감했다. 전쟁의 비참함을 겪어보지 않은 사람은 모르는 일이다.

전쟁을 두 번이나 경험한 필자로서는 생각만 해도 끔찍한 일이다. 일곱 살 꼬맹이가 6.25전쟁을 초등학교 1학년 여름에 경험했다. 혹여나 어머니 놓칠지 두려워 치맛자락 꼭 잡고 타박타박 피난길 올랐던 그때가 아직도 가슴 깊이 담겨있다. 두 번째는 베트남 전쟁에 참전했다. 내일의 생사를 알 수 없는 전쟁터에서 사선을 넘나들던 그때의 생각이 지금도 남아있다. 불쑥 화가 난다.

요즘 철없고 제 갈 길 잃은 일부 국회의원들 그들은 시방 정신줄 놓고 엉뚱한 짓들을 하는 걸 보면 울화가 치밀어 오르지만, 이 좋은 날 시정잡배들의 이야기는 그만 접어야 할 것 같다. 정치가 무엇인지 통일이 무엇인지 모르는 그들이기 때문이다. 행사가 끝날 무렵 김신홍 작가가 귀빈들을 소개할 때쯤 지인과 함께 일찌감치 소박하게 음식을 차려 놓은 곳에 들린다. 가든 파티장이다.

 대전까지 가려면 한참 가야 하기에 많은 참가자가 오기 전에 염치 불고하고 눈 딱 감고 일찍 들렸다. 오랜만에 먹어보는 잔치국수다. 봉사자들의 따뜻한 마음으로 안내하는 모습이 살갑다. 마음씨 고운 충청도 아줌마의 음식솜씨도 맛보고 찾아온 길을 되돌아간다. 차창 밖의 코스모스가 가을 그림을 그리고 있고 누렇게 익은 벼가 고개를 숙이는 걸 보니 풍년을 예감한다. 한낮에는 다소 무덥지만, 그래도 아침, 저녁에는 선선한 바람이 가을을 느끼게 한다. 차창 밖의 풍광을 살피다 보니 어느덧 대전에 다다른다. 9월이 가는 마지막 주말 다시는 찾아오지 않을 2024년 9월의 가을날, 오늘 하루는 지인의 덕분에 잘산 것 같다.

 현관문을 열자, 우리 집 귀염둥이 금순이, 별이 녀석이 한나절 보지 못했다고 반가워 짖어댄다. 다주택에서는 애완견의 짖는 소리가 귀에 거슬릴 태지만, 그래도 양심은 있어 미안하다는 생각이 든다. 그래도 녀석들을 보니 즐겁다. 신바람 나게 꼬리 흔드는 녀석들의 머리를 쓰다듬는다.

# 꿩 대신 닭이다

달 밝은 창가에서 울어대는 귀뚜라미 울음소리만 들어도 가을을 느낄 수 있지만, 오동잎 지는 소리에 그리운 이를 못 잊어 잠 못 이루고 뒤척이는 밤, 인생의 무상함도 느끼게 하는 게 가을밤의 속성이다. 집 떠난 지 이틀째 날 아침이다. 수족관에 갇힌 금붕어 같은 일상에서 잠시 탈출하고 보니 또 다른 세상을 만난 것 같다. 회색빛 도심의 아파트 숲에서 잠시 헤쳐 나온 탓인가 시골의 가을 아침 공기가 가슴을 탁 트이게 한다. 때마침 울산에 있는 막내처남의 전화를 받는다.

오랜만에 처가에 들렸으니 점심 나들이 하자는 이야기다. 들던 중 반가운 소식이다. 어디로 갈까 하기에 거침없이 포항 물 횟집에 가자고 했다. 몇 년 전 여름날 번호표를 받아 들고 한참 기다리던 소문난 물 횟집 생각이 나서다. 언양에서 포항까지는 제법 먼 거리인데 생각 없이 한 말이 막내처남에게 부담이 된다는 것을 뒤늦게 알고 미안해서 가는 동안 속앓이했다. 늙으면 채면 따위는 먼 옛날의 이야기고 그리운 추억만 더욱 늘어가는 것 때문인가 싶다.

경주를 지나 문무대왕릉을 멀지 감치서 보며 넘실거리는 파도와 부서지는 청명한 가을 햇살이 눈 부시다. 구룡포항 부근에 왔을 무렵 처남이 주변 주차장에 들른다. 이 부근에 볼거리가 있다며 한 바퀴 돌아보라 한다. 일명 구룡포근대문화역사거리다. 일제 강점기 시대에 일본인들이 거주한 지역이다. 구룡포 근대문화역사관 거리에 들어서면 동판으로 제작한 대한민국 경관 대상 최우수상 기념패가 관광객을 맞이한다.

일본인들이 살던 적산가옥이 골목길 양쪽에 나란히 줄지어 있다. 약 30미터가량 되는 골목길이고 집마다 떡볶이, 찻집, 어묵 가게가 있고 젊은이들이 가게마다 빼곡하다. 못살던 시절의 초라한 골목길 같지만, 왠지 색다른 느낌이다. 좁다란 골목에서 일본 국권 침탈의 아픈 상처를 이곳에서 만나고 있다. 지금은 이곳이 관광지가 되어 많은 관광객이 찾는다고 한다.

골목길 위쪽에는 높지 않은 동산이 있다. 계단을 오르다 보면

"동백꽃 필 무렵"촬영 장소가 있다. 2019년도 온 국민의 사랑을 받던 KBS 2TV에서 방영된 수, 목 드라마다. 남녀노소 모두가 즐겨보던 탓인지 촬영 장소 팻말 앞에 줄지어 촬영 순서를 기다리고 있었다. 촬영 장소라 하면 어김없이 증표를 남기려는 심리는 무엇 때문일까? 내가 여기 왔노라고 추억을 남기려는 것이라고 이해해야 할 것 같다. 휴대폰으로 아내와 처제도 담았다. 영원한 추억으로 남겨질지……. 일제 치하 조선 곳곳에 일본인들이 살던 곳의 흔적들을 여러 곳에서 볼 수 있다. 대표적인 도시는 군산이다.

 도시 전체가 박물관이다. 군산시는 옛 일본인 가옥과 기타 공공 시설물을 관광사업 자원으로 이용하고 근대 문화도시라는 조성 사업에 나섰다. 일제 강점기 시대에 우리의 농수산물 및 소중한 자원을 수탈하여 일본으로 수송하기에 가장 좋은 곳이 군산항이기 때문에 도시 전체가 일본인들의 수요가 많았던 것 같다.

 아픔의 역사가 짙게 물들어 있는 군산은 그 시대 우리 선인들이 받은 치욕스러운 역사에서 교훈을 얻을 수 있도록 교육의 현장으로 활용하고 있다는 것은 다행스러운 일이다. 토끼 꼬리 구룡포를 벗어나 포항 물 횟집 주차장에 차를 세운다. 때맞추어 온 것 같다. 점심시간 때다. 식당에는 여느 때와 다름없어 보인다. 앉을 자리가 마땅하지 않다. 늦가을이지만 물 회를 찾는 사람은 나만이 아닌 것 같다. 나만 물 회를 맛볼 줄 알았는데 그게 아니다. 바보 같은 생각에 피식 웃음 지어본다.

얼큰하면서도 시원스러운 물 회 맛은 지난번 올 때와 다름없는 데 몇 점 되지 않은 회가 입안에서 맴돌고 그 외는 푸성귀와 무채만 잔뜩 들어있는 게 야속하다. 멀리 언양에서 찾아왔는데 실망이 클 수밖에 없다. 카운터에서 종업원에게 불쑥 한마디 던져야 속이 후련할까 싶어 이야기했다. 아가씨, 물고기가 헤엄쳐 바다로 갔나 구려… 무슨 말인지 알아들었는지 표정이 분홍색이다. 포항까지 온 보람이 없다. 물 회 맛보려고 왔는데 성에 차지 않아 아쉬운 마음에 수산시장이 들린다. 가을의 별미 전어를 사려한다. 집 나간 며느리도 전어 굽는 냄새에 되돌아온다는 이야기가 있듯이 가을 하면 전어가 제철이다. 2kg을 샀다. 언양 집에서 푸짐하게 먹어볼 요량이다. 나만의 생각이 아니고 동행한 가족 모두가 같은 생각이었으리라 믿어진다. 몇 점 되지 않은 물회 때문이다.

꿩 대신 닭이라는 말이 선 듯 지나친다. 아무튼 여행은 즐거운 것 같다. 수평선 넘어 저녁노을이 붉게 물들고 웃음소리가 차 안에 가득하다. 꿩 대신 닭이라서인가.

# 나는 찍는다

교외로 사진 촬영을 하러 나가보면 예전과는 달리 사진 인구가 무척 많다는 느낌을 받는다. 젊은 층으로부터 노인층까지 다양하며 옛날에는 특정한 사람들의 전용물로 여겨진 사진 활동이 오늘날은 누구든지 쉽게 접할 수 있는 환경으로 변했다. 무엇 때문일까? 아마도 경제 사정이 좋아지고 생활에 여유가 생기어 삶의 질을 높이려고 하는 데 목적이 있지 않을까 하는 생각이다.

특히 디지털카메라가 등장하여 사용하기에도 편리하고 경제성이 좋은 장점이 있어 많은 사람이 선호하고 있지 않을까 생각된다. 요즈음은 사회가 다양하게 변천함에 따라 정신적 삶을 풍요롭게 살기 위하여 문화, 예술, 스포츠 등 여러 가지 취미활동을 하게 되며 그중에서도 사진을 선택한 사람들은 나름대로 목적이 있을 것 같다. 자라는 아기들의 성장 과정을 찍어 먼 훗날 추억 거리로 사용할 어머니도 있을 것이며 인터넷이라는 통신 매체를 이용하여 자기 블로그에 올려 정보를 공유하기 위해 할 것이고, 작가로서의 꿈을 키워가는 사람과 직장을 은퇴한 후 노년기의 정신건강을 윤택하게 하려고 취미로 사진 활동을 하는 이들도 있을 것 같다.

  필자의 경우는 30여 년의 직장생활에서 은퇴한 후 직장생활 중 틈틈이 배워온 사진을 지금은 아주 유용하게 활용하고 있다. 창작의 기쁨은 나의 삶을 더욱 풍요롭게 해주는 가장 값진 것으로 생각한다. 특히 주말에 공원이나 근교 사찰에 가보면 노년층의 사진 인구가 많이 보인다. 황혼기에 접어든 그분들이 카메라를 들고 촬영에 열중하는 모습을 보노라면 그 모습은 아름답다.

  정말 행복한 모습으로 보인다. 얼마나 여유 있는 삶의 모습인가. 공원이나 지하철 만남의 광장에 가보면 온종일 우두커니 앉아 있거나 아니면 장기판에 매달려 막걸리 내기를 하는 것이 고작인 노인들의 모습과는 너무나 대조적인 모습으로 나에게 다가온다. 이런 모습을 볼 때마다 노후는 정말로 아름답게 보내어야 한다고 늘 느끼고 있다.

  요즈음 세월은 늙은 할아버지는 냄새가 난다고 손자들이 가까이 오지 않는 기막힌 세태 속에서 그나마 할아버지가 카메라를 들고 사진 촬영 활동을 한다고 할 때 손자에게 외면당하고 무시당하는 일은 일어나지 않을 것이다. 그리고 촬영한 사진을 액자에 넣어 거실에 걸어 보자 집안 분위기는 완전히 달라질 것이며 우리 할아버지는 정말 멋쟁이라고 손자들이 호감을 느낄 것이며 냄새나는 할아버지로 각인 되지는 않을 것은 분명한 일이다.

젊은이들도 마찬가지이다. 자녀들에게 존경받는 아버지, 어머니가 되려면 일찌감치 사진이나 미술, 생활도자기 등을 배워 두면은 노후 생활에 도움이 된다. 요즈음은 각 대학교에서 평생교육의 프로그램을 운영하고 있으므로 얼마든지 배울 수 있는 환경이 조성되어 있다. 자녀들이 호감을 느끼는 부모상을 가져 보자. 자녀들로부터 술만 마시는 아버지의 상, 계모임 에만 나가는 어머니의 상이 되어서는 안 된다는 이야기다.

불필요한 시간을 낭비하지 말고 값어치 있는 곳에 투자하여 삶의 질을 높여보자. 그리고 노후 대책이 따로 없고 사진을 배워 두자는 이야기다. 본인은 앞서 이야기한 바 있지만, 정년퇴직을 5년 앞두고 사진에 입문하여 정년 퇴임 시에는 정년 기념 개인전을 열었고 모든 직원으로부터 좋은 선례를 남기었다고 칭송을 듣기도 하였다. 그러면 사진을 어떻게 찍으면 좋을 것인가 하고 고민을 많이 하게 되는 것은 당연하지만, 너무 어렵게 생각할 필요가 없다. 우선 고정 관념에서 벗어나자. 처음 사진을 배울 때

사진은 이런 것이고 이렇게 찍어야 하고 이래서는 안 되고 하는 고정 관념에서 벗어나 사물을 보는 훈련이 필요하다.

사진은 보이는 데로 찍히는 것이니까 남과 다른 시각에서 사물을 관찰하는 노력이 필요하며 고정 관념에서 벗어나면 늘 보던 사물도 새롭게 보이며 새로운 의미를 찾아내고 새로운 느낌을 얻게 되며 남들과는 다른 사진을 얻게 되는 점이다. 사진이란 피사체를 통해 나의 감정을 표현하는 것이기 때문에 너무 격식에 얽매일 필요는 없으며 사실적이며 이야깃거리를 사진으로 만들어내면 되는 일이다.

사진은 기술이 아니고 생각을 해서 만들어내는 예술이기 때문에 촬영하기 전에 항상 찍으려는 피사체에 대해 생각을 많이 해야 하며, 머릿속으로 그림을 그려보고 그리는 연습을 반복하는 습관을 기르면 반드시 좋은 사진을 얻을 수 있다. 촬영목적지에 도착하면 생각도 없이 카메라 셔터 누르기에 정신이 없는 이들이 있고, 숨 고를 시간도 없이 셔터를 누른다. 결코, 좋은 사진을 만들 수 없다. 무엇이 그리 급한지 모르겠지만, 생각 없이 찍는 사진은 사진가의 마음이 담겨있지 않으므로 좋은 사진이 될 수 없다.

사진은 시각언어이므로 사진 속에 이야깃거리가 있어야 하며 흔히 보는 소재라도 새로운 의미를 찾는 창작력을 키워야 한다. 무엇을 찍을 것인가 어떤 내용의 사진을 찍을 것인가? 우선 주제를 정하고 거기에 맞는 소재를 찾아야 한다. 사진은 창작의 예술이기 때문에 소재보다는 새로운 감각이 필요하다.

똑같은 장소에서 같은 소재로 촬영하여도 각각 사진의 결과물은 다르게 나오는 것을 보면 소재는 절대 중요하지 않으며 새로운 의미를 찾는 창작력이 필요한 것이다. 그리고 사진 활동을 하려면 우선 부지런해야 하며 가만히 앉아서는 좋은 사진을 얻을 수 없고 생각만 한다고 얻어지는 것은 전혀 아니므로 발품을 부지런히 팔아야 한다. 그래야 건강에도 좋고 좋은 사진을 얻을 수 있다.

사진 활동을 하다 보면 재미가 쏠쏠하다. 파인더를 통해 피사체를 보노라면 엔도르핀이 대량으로 생성되어 정신건강에 유익하다. 특히 치매를 예방하는 효과는 탁월하다고 하며 많은 운동량이 동반되므로 육체적 건강에도 도움이 된다. 아름다운 사진을 얻기 위해서는 건강한 마음, 건강한 눈이 필요하다. 눈과 마음은 하나이기 때문에 좋은 마음으로 사물을 볼 때 제대로 보이는 것이고 사물을 관찰하는 능력을 배양하고 생활 속에서 사진 활동을 할 것이며 과다한 장비에 대한 투자는 지양해야 할 것 같다.

좋은 사진이란 우선 내가 보아서 좋으면 된다. 남과 같이 찍어서는 아니 된다. 나만의 특성과 개성이 있는 사진, 그리고 주제와 사진 속에 이야기가 일치하면 좋은 사진이다. 우리는 사진을 생활 속의 한 부분으로 생각하고 활동하여야 좋을 것 같다. 그리고 사진 속에 우리가 살아가는 소박한 세상 이야기를 담아보자 그러면 우리의 삶과 정신적 삶이 더욱 윤택해 지리라 믿어 의심치 않는다. 그러므로 나는 찍는다. 고로 나는 존재한다.

## 내 마음 둘 곳은

어느덧 2024년의 한 해가 기울여 가는 시간이다. 한해의 삶을 어떻게 보내었는지 곰곰이 생각해 보고 있다. 분수에 맞게 잘 살았는지 못살았는지를 내게 묻고 있다. 창 너머 도로에는 낙엽이 흩날리고 미화원은 낙엽과 힘든 싸움을 하고 있다. 쓸고 쓸어도 떨어지는 낙엽을 감당하기가 어려운 것 같다. 어느 날 한 번은 아내와 함께 우리 아파트 길목을 쓸어 보았다. 좋은 일 해보자는 마음에서 봉사했지만, 모처럼 빗자루를 들고 쓸고 나니 그것도 노동이었는가. 허리가 뻐근했다.

아내는 매일 봉사하자고 했지만, 나에겐 어름 없는 일이다 싶어 이내 포기를 했었다. 봉사하는 것도 좋지만, 나이 때문인지 자신이 없다. 우리 아파트 길 건너에는 초등학교와 중학교가 있다. 등교하는 학생들은 추위를 모르는 듯 무리를 지어 무엇이 좋은지 깔깔거리며 장난한다. 나 또한 어릴 때는 똑같이 했을 터이다. 더했으면 더했고 덜하진 않았다. 그리운 추억이다. 추억은 아름답고 좋은 것이다.

좋은 추억이든 좋지 않은 추억이든 추억은 나의 삶을 되돌아보는 것이기에 주머니에 넣어서 다닐 순 없고 머릿속에 담아 다니니 머리만 무거울 수밖에 없다. 때에 따라서는 머리에서 한 줌 끄집어내어 유용하게 써먹을 수 있기 때문이다.

단풍색 고왔던 잎 새는 낙엽을 떨어트리고 어느덧 겨울의 새로운 길손을 맞이하고 있다. 더러는 오래 머무는 것보다 떠날 때를 알고 떠나는 것이 더 아름답다 했다. 우리 인간사도 다를 바 없지만, 미련을 버리지 못하고 오래도록 부와 명성을 지키려고 목을 매단다. 우리는 자연처럼 자기의 의무와 책임을 다하는 모습을 보여주어야 하는데 그렇지 않은 것 같다.

자연은 계절에 따라 자기가 떠날 줄 알고 제자리를 내어주지만, 또 때가 되면 제자리를 찾는 게 자연의 순리다. 기상청에서는 올해의 겨울은 무서운 한파를 예고하였다. 어느 신문에서는 추위보다 난방비에 떨겠다는 기사도 눈에 뜨인다. 난방비를 걱정한다는 이야기다. 하루 같이 모르게 오르는 물가에 서민들의 몸을 움츠리게 한다. 아마 올해는 추운 겨울을 맞이해야 할 것 같다는 마음이 앞선다. 자고 나면 들리는 소식은 살맛 나는 소식은 없다. 정치권의 여당과 야당은 국민을 위한 다툼인지 알 수 없다. 눈에 거슬리는 활자는 신문 지면을 도배하고 각종 유튜브에서는 가짜뉴스가 판을 치고 있다.

가만히 생각해 볼 문제다. 손가락 한 번 잘못 눌러 준 게 우리들이다. 사람됨을 보지 않고 정당과 지역 출신만 보고 오류를 범한 책임은 우리가 아니냐는 생각이다. 추하고 추한 오늘의 현실을 만들어 놓았다. 뼈저리게 느껴오는 뒤늦은 후회다. 오늘도 광화문과 여의도에는 수많은 군중이 모여 외치고 있다. 무엇을 위한 몸부림인가. 묻지 않을 수 없다. 마음 둘 곳 없는 세상이다.

우리는 살아가면서 이웃과 사회에 베풀 것이 많다. 오늘같이 추운 날, 손수레를 끌며 폐지를 주의며 차도를 힘겹게 지나치는 노인의 모습과 지하 쪽방에서 겨울을 보내야 하는 독거노인들, 어쩌다 길 잃은 노숙자들의 힘든 생활을 생각해 본다. 12월이 되면 크리스마스트리 불빛이 반짝거리고, 한해에 한 번씩 찾아오는 구세군의 방울 소리가 들리지만, 선 듯 주머니 열어주는 주는 사람들이 보이지 않는다. 아예 모르는 척하며 지나친다.

사랑이 메마른 사회에 몸을 부대끼고 있는 현실이다. 나 또한 마찬가지다. 어쩌다 오천 원짜리 한 장 넣어주는 게 고작인 내가 초라해 보인다. 손이 부끄러워 주변을 살피는 것은 말할 것도 없다. 젊은 시절에는 나도 그늘진 사회 속의 한쪽에서 어렵게 살아가는 노약자에게 도움을 주겠다고 사랑의 밥을 전달하고 어려운 곳을 찾아보기도 했다.

어떤 때는 쌀 한 포대를 어깨에 걸머메고 "프란치스코" 소속 수사신부님과 산동네를 찾았다. 수사신부님들은 수도복을 입지 않고 평상복을 입고 일반인처럼 생활을 하였다. 비좁은 골목길을 따라 한참을 올랐다. 아무도 찾아오지 않는 집에서 병들어 누워 하루하루를 보내는 집을 찾았다. 그분은 그래도 얼굴에는 풋풋한 미소가 가득했다. 그 손에는 성경책(The Bible)이 있었다. 하느님의 사랑이 이곳에 머물고 있었던가, 가슴 뭉클해졌다.

방안이 싸늘하기에 보일러를 살펴본다. 기름통에는 기름도 없어 경유 한 통을 가득 넣은 기억이 어제 같다. 집을 나올 때 누워있는 환자는 나의 이름을 물어본다. 죽는 날까지 나를 위해 기도 하겠다고 한다. 순간 가슴이 멍해졌다. 진정한 사랑이 무엇인지를 곰곰이 생각하며 산길을 내려오며 나의 속을 들여다보았다. 내가 참사랑을 실천하고 있는지를 되새겨 보는 하루였다.

어떤 때는 뇌성마비 환자들과 함께 살고 있는 수사 신부님 사랑의 집에 들른다. 환자들과 장난도 치고 밥시간이면 함께 식사도 했다. 그간 많은 시간이 흘렀다. 세월의 탓인가, 이곳 대전으로 이사를 온 후 소식이 끊겼다. 그때 그들은 시방 어떻게 지내고 있을까.

시끄러운 세상에서 내 마음 둘 곳 없어 시방 그들을 생각해 본다. 그때가 좋았다는 생각에 머물러 본다. 뒷방 늙은이가 지금에 와서 내 마음 둘 곳을 찾은들 무슨 소용이 있겠는가. 창밖에는 아직도 낙엽이 흩날리고 있다. 얼마 있지 않아 아기 예수가 탄생하늘 날, 온 누리에 평화와 사랑이 그늘진 삶을 살고 있는 그들에게도 환히 비추어지리라 소망해 본다. 내 마음 둘 곳은……..

# 노인과 디지털

오늘 신문 기사 중 재미있는 내용이다. 멀어지는 택시들 속…… 할아버지는 하염없이 손짓만 한다는 기사다. 휴대폰이 일상의 모든 정보를 알려주고 편리하지만, 나이 많은 할아버지, 할머니는 오히려 불편해하고 있다는 현실을 이야기했다. 아날로그 시대를 살아온 분들이기에 디지털 시대에 몸담고 있다는 게 때에 따라서는 불행한 도구이다. 옛날에는 가정집 전화가 있을 때는 전화벨이 울리면 수화기만 들면 소통이 되고 소식 전하려면 다이얼만 돌리면 되었다.

한때는 삐삐라는 호출 통신 매체가 나타나 직장인들을 옥죈 일이 있었고, 어느 날 휴대 전화기가 태어났다. 초등학생으로부터 성인에 이르기까지 휴대폰을 사용하지 않은 사람이 없는 세상이다. 우리는 시방 디지털 세상에 몸담고 있다. 휴대폰에는 생활에 유익한 정보와 이를 이용할 수 있는 많은 어플이 내장되어 있다. 요즘 택시를 타려면 길에서 한참 동안 기다릴 필요가 없다. 휴대전화에 내장된 어플을 사용하면 금방 택시가 찾아온다. 그러나 모두가 편리하게 사용할 수는 없는 것 같다. 택시 호출에 어플이 대중화되면서 디지털 벽에 막힌 노인네의 이동권이 제한받게 된다.

  대부분 택시가 어플을 이용해 영업한다. 고령층일수록 스마트폰 조작이 서툴기 때문이다. 젊은이는 대부분이 관련 어플을 이용하고 요금 결제 등 편리한 점에 만족하고 있다. 요즘은 택시 기사가 어플이 아니면 영업을 할 수 없다는 수준이다. 택시의 어플 의존도가 높아지면서 자연스럽게 디지털 취약 계층인 고령층은 택시 이용에 불편을 겪고 있다. 길가에서 손을 흔들면 쉽게 이용할 수 있었던 택시에 예약 등이 켜져 있어 빈 차를 잡기가 어려운데 빈 차여도 노인이라고 지나치는 일도 있다.

  휴대폰 조작이 서툰 고령층에게는 그림의 떡이다. 고령층의 휴대폰 보유율은 76%에 달하지만, 이 중 67%는 여전히 디지털 사회적응에 어려움을 느끼고 있다고 한다. 디지털화로 세상이 간편해질수록 노령자에게는 일상생활조차 힘겨워진다는 소리다. 우리도 고령화 사회로 접어든 지 오래다. 나이가 많다고 해서 디지털 생활이 불편하다는 타령은 접어야 할 것 같다. 모르면 배우면 될 터인데 의지가 없는 탓이라 생각한다. 인공지능 시대로 접어든 사회에서는 많은 변화가 따를 수밖에 없다. 생활 방식이 다르게 변화되기에 현대생활에 적응하도록 각자의 노력이 필요하다. 앞으로는 은행 수도 줄어들고 현금 이체 등 관공서의 서비스도 온라인으로 이루어지니 80대까지는 계속 배워야 하고 물질문명의 발달을 탓할 것이 아니다. 얼마 전 택시를 타고 가는 중에 아내로부터 전화가 왔다. 송금할 곳이 있는데 내게 부탁한다.

계좌번호가 입력되어 않아서다. 휴대폰에 저장된 어플을 열고 송금하는 것을 본 기사가 하는 이야기다. 어르신 나이에 어려운 것을 쉽게 하시네요 한다. 웬만한 분들은 사용하지 못하는데 하면서 씽긋이 웃음을 지었다. 요즘 같은 세상은 하루가 멀다 않고 변화하는 데 필요한 것은 배워 두어야 하지 않겠느냐고 했다. 백발이 성성하니 바보 취급하는구나 싶어 자존심이 상했다.

나이가 들어 보이면 무식할 거라는 인식이 앞서서인가. 우리나라 노령화 인구 중 70~80%는 고등교육을 받았다고 생각한다. 아직도 사회생활 하기에 불편 없이 생활하는 고령자가 많은데 늙은이라고 폄훼해서는 안 될 일이다. 때에 따라서는 정신없이 행동하는 분들도 있지만, 노쇠 현상은 자연적인 일이 아닐까 싶다. 얼마 전에 대전시립미술관을 찾았다. 전시장을 둘러보는데 머리가 백발인 관람객은 나뿐이다. 나이 많은 영감이 무엇을 알 겠느냐고 할까 싶어 내심 쑥스러웠다. 나의 생각일 뿐인데…

그대 앞에 서면 나는 왜 작아지는가? 노래 생각이 설핏 스친다. 나이가 들면 소심해지는가? 때에 따라서는 한 숨죽이는 법도 좋을 듯하다. 나이가 들수록 곱게 늙어야 한다는 어느 스님의 말씀을 귀담아 둔 탓일까. 머릿속에서 지워지질 않는다. 그래 선가 항상 조심조심하고 있다. 전시회 주제는 대전 과학 비엔날레 〈너희가 곧 신임을 모르느냐〉이다. 전시된 작품 모두가 매체 예술( Media art)이다.

작가의 작품을 이해하지 못한다. 전문작가나 도슨트 같으면 이해를 할 수 있지만 빔프로젝터로 스크린에 비친 것은 동영상으로 만든 작품들인데 어떻게 이해해야 할 것인가. 나만의 생각이 아닌 것 같다. 젊은이들도 대충 보고 지나친다. 무슨 뜻인지 알 수 없기 때문이다. 죽치고 있어 보았자 머리만 하얗다. 할 수 없어 도슨트의 도움을 받아 설명을 듣고 보니 작가가 무엇을 우리에게 제시하는지 대충 이해했다. 관람을 마치고 돌아오는 길에 많은 생각에 잠긴다. 디지털 시대에 뒤따르는 인공지능 시대를 생각해 본다.

앞으로는 AI가 작품을 그리고 제작하고 한다니 기가 딱 막힌다. 물질문화가 발달하는 것이 좋은 일만 아닌 것 같아서다. 인간의 고뇌와 작가의 감성을 로봇이 한다고 하니 인간의 순수한 존엄성과 감성을 깡그리 앗아간다는 미래의 사실에 씁쓸한 마음이다. 할아버지가 하염없이 택시를 향해 손짓만 하지만 멀어지는 택시들……. 과연 디지털 사회가 인간에게 얼마만큼 행복을 가져다줄지 의문을 남길 수밖에 없는 것 같다.

 아날로그 시대가 좋았는데…….

# 동짓날

동지가 지나면 꼬부랑 할머니가 지팡이 짚고 10리 길을 더 간다는 이야기가 있는 동지가 오늘이다. 한해 중 밤이 가장 길다는 동지, 이 기나긴 밤을 어떻게 보낼 것인가. 쓰잘머리 없는 걱정을 하는 내가 조금은 한심하다. 올해는 유난히 추운 겨울을 맞는 것 같다. 스마트폰 온도계가 오늘 아침의 기온이 영하 13도를 알려준다.

오늘은 꼼짝하지 못하고 집에서 하루를 보내어야 할 것 같다. 하기야 오라는 이 없고, 갈 곳도 없는 노인네의 생활인데 서재에서 책이나 보는 게 상책이다 싶다. 시베리아에서 내려오는 차가운 공기가 우리나라 하늘에 머물고 있다는 기상대의 설명을 듣고 보니 세상살이가 많이 변했음을 느낀다. 옛 시절에는 라디오에 의존했던 때와는 달리 세상이 좋아 TV와 스마트 폰의 유튜브를 통해 세상 돌아가는 이야기를 듣고 보기 때문이다. 과학의 발달로 질 높은 삶을 향유하고 있다고 하지만, 그렇지도 않은 일도 많이 발생하는 법이다.

 요새는 삼한사온(三寒四溫)이라는 날씨 주기의 변화도 느끼지 못하고 있다. 태초에 우리 인류는 벌거벗은 상태로 살면서 자연을 파괴하지 않았으나 인간의 지능이 발달해서 과학이 발달한 현대는 인간이 풍요로운 삶을 위해 자연을 파괴하게 되었고, 되돌아오는 것은 혹독한 자연의 형벌이 따를 수밖에 없지 않은가 싶다. 때늦은 후회다. 아침에 아내가 끓여준 맛있는 팥죽을 앞에 하고 보니 덤으로 자연히 나이를 한 살 더 먹게 된다.

 동지는 24절기 중 스물두 번째의 절기다. 동지에 팥죽을 먹는 이유는 겨울 중 밤이 가장 긴 동지에는 음기(陰氣)가 강하기 때문에 우리 선조들은 팥죽이 띠는 붉은색이 음기(陰氣)와 액(厄) 그리고 악귀를 쫓는 데 한몫을 한다 해서 양(陽)을 상징하는 팥죽을 먹는 것이라 했다. 그렇다고 해서 마냥 팥을 주머니에 넣고 다닐 순 없지 않을까.

 나이만큼 새알을 먹어야 한다는 게 옛이야기이지만, 그럴 순 없고 대충 먹고 있는데 휴대폰에서 까꿍 하는 카톡 소리가 울린다. 울산에 있는 막내처남의 아침에 보내온 편지다. 오늘처럼 추운 날씨에 딱 맞는 노래, 박인희의 "모닥불"이다. 그렇지 않아도 왠지 마음 한쪽이 텅 빈 느낌이었는데 모닥불 노래가 내 마음에 온기를 불어넣어 주는 것 같다. 감성이 풍부한 처남도 나와 같은 생각이었을까? 팥죽 먹고 나니 마음이 허해서인가. 물음표를 달아본다.

모닥불 피워놓고 마주 앉아서 우리들의 이야기를……. 옛 추억을 돌아보는 순간이기 때문이다. 너나 할 것 없이 한 번쯤 경험해 본 시절이 아니었던가. 그때 그 사람 지금쯤 무엇을 하고 있을까. 나처럼 하얀 백발의 할머니가 되지는 않았을까. 쓰잘머리 없는 이야기 한다고 할지는 모르지만, 나이가 들고 보면 자연히 지난날을 회상해 보는 것은 자연스러운 일이다.

인생은 누구나 할 것 없이 나그네의 긴 여정의 삶을 살고 있다. 부질없이 부와 권력을 가지려고 밤잠 못 이루고 뒤척이는 게 인간의 본성이기도 하지만, 떨어진 낙엽이 겨울밤의 찬바람에 날려 바스락대며 마당에 뒹굴 듯이 시간이 지나면 모두가 허사이고 인생의 무상함만 느끼게 될 뿐이다.

다사다난(多事多難)했던 한 해, 말도 많은 갑진년은 마음의 상처를 안고 뒤돌아보지 않고 뉘엿뉘엿 저물어 가는 것 같다. 하기야 오늘은 동짓날이다. 붉은색이 띠는 팥죽을 먹었으니 다가오는 해는 분명 악귀를 쫓아내고 좋은 일만 가득할 것이라는 생각이다.

소박한 동양의 사상이 녹아있는 내가 사는 땅. 기나긴 역사가 있고 아름다운 세시 풍속이 대를 이어오고, 고유의 아름다움이 스며들어 있는 동지. 마음이 시리고 그 헛헛한 긴 밤을 어떻게 보낼 것인가. 어려워할 것 없다.

 초가집 사랑방 따뜻한 아랫목에서 문풍지 울음소리 들으며, 콧등 시려 이불 뒤집어쓰던 지난 추억 떠올리면, 동지섣달 꽃 보듯이 긴 밤을 곱게 채색할 수 있는 동짓날 밤의 매력을 만나게 될 것이라는 생각이다. 동짓날 밤의 추억도 이제는 손에 잡힐 듯 말 듯 늙어가는 것 같다.

내 마음 둘 곳은

# II

# 서사(敍事)를
# 잃어버린 시대

# 또 한 해가 저문다

오늘이 2024년 갑진년이 마지막 가는 날이다. 떠나가는 세월을 붙잡을 수도 없는 게 자연의 섭리다. 한해 내내 구석구석에 숨어있던 먼지를 털고 닦고 새해를 맞이할 준비를 하느라고 분주한 하루다. 점심때가 지나 집에 키우고 있는 애완견 몰티즈 두 마리의 사료도 살겸 동네 한 바퀴 돌아보려고 아내와 함께 집을 나선다.

길 건너에는 초등학교와 중학교가 나란히 자리 잡고 있다. 중학교 건물 중간쯤 지날 때 황당한 일을 당했다. 길가에 있는 중학교 교실에서 별난 녀석이 창문 너머로 자물쇠를 통째로 던져 도로에 날아왔다. 딱 하는 둔탁한 소리에 놀라서 보니 몇 발 앞에 떨어졌다. 얼른 학교 교실 창문을 향해 고래고래 소리 내었지만, 얼굴 내미는 녀석은 보이지 않는다. 하마터면 머리에 맞았으면 어떻게 되었을까 하고 식은땀이 죽 흘렀다. 한 해가 지는 날 대형 사고를 당할 뻔했다. 좋게 생각하면, 운수대통한 날이다.

그러나 여기에서 지나칠 순 없다 싶어 얼른 학교에 들른다. 정문 경비원이 어떻게 왔느냐고 묻길래 교감 선생님을 만나러 간다고 하니 사유를 묻는다. 찾아온 사유를 묻는 게 당연한 일이다. 학교 주변이나 무단으로 교내에 들어와 사고를 치는 일이 빈번하기에 경비원이 보안을 철저히 하는 것 같다. 전후 사정을 이야기하고 방명록에 서명을 하고 교무실에 들어선다.

교무실에 들어서니 여선생 한 분이 상담석으로 안내를 한다. 경비원이 미리 교감에게 연락을 한 것 같다. 교감이라고 자기소개를 한다. 찾아온 용건을 자세히 설명하니 당황한 기색이다. 증거품인 열쇠 뭉치를 탁상 위에 올려놓았다. 교장실로 바로 가려 했으나 문제를 크게 만들 수 없어 교감 선생님을 만나는 게 좋을 듯했다 하니 감사하다고 하며 얼굴을 붉힌다.

빠른 시간에 연락을 주겠다고 했다. 교무실을 나오니 1층 현관까지 내려와 배웅한다. 예의 바른 교감 선생님이라는 생각이 설핏 들었다.

사람의 일이란 알 수 없다. 내일을 보장받고 살아가는 것이 아니기 때문이다. 어떤 곳에서 낭패를 당할지 모르는 세상에서 몸을 부대끼고 살아가는 현실이다.

어느 녀석이 던졌는지 괘씸하기도 하고 불쌍하기도 하다. 어릴 때는 친구들과 장난을 치고 싸움도 하고 자란다지만, 요즘 아이들은 겁이 없다. 시들어가는 사회환경과 가정교육이 되지 않는 게 큰 문제다. 학교 교육은 지식을 전달하는 것에 불과하고 인성교육에는 엄두도 내지 못하고 있다. 윤리와 도덕이 무너진 사회이기 때문이다.

인성교육은 가정교육이 책임져야 한다. 밥상머리 교육이 우선인데 부모들은 생활전선에서 바쁘기에 교육할 틈이 없을 것 같다. 현대를 살아가는 젊은 어머니들도 매한가지로 성장해 왔기에 인성교육은 두 번째고 학교 성적이 최우선이다.

선생님 꾸중에 반발하고 고소하겠다고 오히려 큰소리치는 게 오늘의 학교 환경이다. 일부 학부모 또한 똑같다. 선생님께 폭언을 마다하지 않은 학부모, 교육현장과 교권이 무너지는 게 어제오늘의 일이 아니다. 옛날 성격 같았으면 학교가 떠들썩했을 것임은 말할 것 없다. 나이가 들고 보니 조금은 철이 들었는가 싶다. 하기야 어떤 때는 나이를 헛먹을 일도 있다.

아직도 좋은 사람, 싫은 사람 구분하고 있는 나를 바라본다. 남의 잘못을 받아들이는 게 아니라 아예 잘못이라는 생각조차 들지 않았으면 더욱 좋겠다.

새해에는 그런 삶을 살아야겠다.

4월이 잔인한 달이라고 하지만, 2024년 12월은 생각하기도 싫은 잔인한 달이다. 무안의 비행기 추락으로 온 국민이 슬픔으로 가슴을 쓸어내려야 했다. 어떻게 그런 일이 일어났을까 하는 의문이다. 사랑했던 일가족이 저세상으로 떠나버린 지금, 오열을 한들 고인의 명복을 빌어본들 무슨 소용이 있겠는가.

  믿음과 사랑이 있는 곳 성당에 들른다. 응달진 곳에 오늘을 보내고 있는 이들에게 새해에는 좋은 일만 가득하시라고 고개 숙여 기도해야 할 것 같다. 송년 미사는 얼마 전만 해도 감동이었는데 오늘의 미사는 너무나 간소한 평일 미사와 다름이 없었다. 성가대도 없고 오르간의 반주만 있었다. 한 해가 가는 아쉬움을 노래로 마음을 달래보던 송년의 노래도 생략했다.

  코끝이 시큰하던 노래, 잘 가세요 잘 있어요, 2024년~~. 아마 무안의 참사 때문에 간소한 미사를 봉헌한 것으로 생각이 든다. 참 잘한 일이라 생각된다.

  며칠 후면 부제가 새사제로 새롭게 태어나는 부제의 강론이 마음에 감동을 주었다. 오늘을 살아가는 우리에게 믿음도 주었고 경종도 주기도 한 내용이었다. 초심을 잃지 않은 사제가 되기를 바라는 마음은 모두의 마음이라 생각된다.

  아듀! 2024년, 다시는 오지 않을 기억하기 싫은 갑진년이지만, 지난 일을 기억하는 게 내일의 발전에 이바지한다는 어느 방송인의 이야기가 옳은 듯 아닌 듯 고개를 갸웃거려 본다.

돌아오는 길 달빛이 차갑고, 내 그림자가 앞장서 걸어간다. 무엇이 그리 바쁜가. 바쁜 일 없는데. 옷깃을 세워 본다.

## 라디오를 샀다

　　　　　　　　　　　　　　　며칠 전 라디오를 샀다.
오래전부터 라디오 생각이 나서 나름대로 생각 끝에 구매했다. 직접 보지 않고 온라인으로 구매를 한터라 잘한 것인지 잘못한 것인지 궁금할 수밖에 없다. 전자 제품은 직접 매장에 가서 구매해야 별 탈이 없는데 게으름을 피우다 보니 온라인으로 구매했다. 값비싼 것은 사양하고 대충 쓸 만하다고 생각되는 것을 찜했다. 배송된 물건 상자를 열고 보니 그럴싸하다.

　모처럼 보는 옛날의 브라운관도 있고 음향과 채널은 제대로 되어있는지 우선 확인을 한다. 제법 모양을 갖추고 있었으나 국산품이 아닌 중국산이라 마음이 썰렁할 수밖에, 제대로 꼼꼼하게 살펴보아야 하는데 실수를 한 것이다. 디지털문화에 찌들어 살다 보니 옛것이 그리워져 클래식 라디오 생각이 간절한 게 첫 번째 사유다. 오랜만에 만나보는 라디오에서는 다양한 FM 방송사의 방송을 마음대로 선택하고 들어보니 오래전 젊은 시절에 잠시 매몰된다.

특히 밤 열 시에 방송되는 MBC의 별이 빛나는 밤에의 프로그램이 너무나 좋았다. 여름날 마당에 멍석을 펴고 누워 밤하늘의 별똥별이 긴 꼬리를 달고 서쪽으로 사라지는 것을 보며 "별이 빛나는 밤에"를 청취할 때가 그립다. 남녀 누구나 즐겁게 들었던 그때의 감성이 지금도 남아있다.

많은 시간이 흐르고 라디오를 청취하지 못한 탓일까, 혹여나 그 프로그램이 없어지지나 않았는가 싶어 검색을 해본다. 혼자만의 생각이 이였는데 알고 보니 현재도 진행하고 있다고 한다. MBC 표준 FM에서 2023년에 개편에 따라 54년 만에 FM4U로 채널이 바뀌었다는 사실이다. 주파수는 95. MHz이며 최초 진행자는 차인태 아나운서라 한다.

많은 세월이 흘렀는데 오늘의 프로그램이 그때만 할까? 의구심을 갖는 게 정상일 수 있다. 무려 55년째 방영되는 프로그램인데 하루가 멀다 않고 문화의 변화가 다양한데 분명히 많은 변화가 있지 않을까 하는 게 나의 생각이다. 그때의 세대와 지금의 세대는 많은 문화적 인식의 차이가 있기 때문이다. 지금 우리는 세계화 시대에 살고 있다. 한때는 다양한 희망과 내일을 위한 담대한 꿈도 꾸어보고 여정도 그려보았는데 지금은 무덤덤한 생각이다. 나이가 들면 뇌가 굳어지는 탓인가. 아침 6시 라디오를 켠다. 어쩌다 KBS 제1라디오 채널을 만났다. 여기는 대한민국 KBS 제1방송국입니다. 하는 맨트가 끝나자, 애국가가 들려온다. 모처럼 이른 아침에 들어보는 애국가에 가슴이 뭉클해진다. 나라 사랑의 제일 으뜸이 애국가다. 내가 자유 대한민국의 국민이기 때문에 우선 감사하다는 느낌이다.

월남전 파병 때에도 아침에 기상하면 태극기를 게양하며 애국가를 부르며 하루의 일과가 시작된다. 타국의 전선에서 불러보던 애국가는 애국애족의 마음이 굳건해지고 자유 대한민국 국군이며 유엔군이라는 자부심으로 가득했다. 세월의 흐름은 누구도 멈출 수는 없는 것 같다. 전선의 밤, 십자성 별빛 보며 고향 생각 그리던 게 어제 같다.

때마침 "향수"의 노래가 흘러나온다. 내가 가슴에 품고 있는 정지용의 시이고 노래다. 그리움이 베어 나오는 시 "넓은 벌 동쪽으로 옛이야기 지줄 대는 실개천이 휘돌아 나가고 얼룩 배기 황소가 해설피 금빛 게으른……."

이국땅에서 나라 잃은 서러움에 저항의 시로 우리의 마음을 달래주던 시인 정지용, 고향을 그리는"향수"는 시인의 마음을 읽을 수 있는 것은 누구나 같은 마음이 아니겠는가 싶다. 고향 하면 가슴이 뭉클함을 느끼고 추억이 그려지기 때문이다. 이리저리 채널을 돌려본다. 무작정 채널을 돌려보면 새로운 음악과 시사도 들어본다. 유튜브는 여러 가지 패턴으로 장식하고 있지만, 특히나 쓰잘머리 없는 정치 편이 많이 방송된다.

그냥 오염된 이야기만 쏟아낸다. 유튜브 방송인이 우후죽순처럼 생겨나 어떤 유튜브가 제대로 방송하는지 진실을 찾아볼수 없다. 생계형 유튜브가 아닌지 한 번쯤 생각해 볼 문제다. 속이고 속는 요지경 같은 세상에 몸담고 있지만, 그래도 유튜브에 재미 들어 진종일 스마트 폰을 끼고 사는 요즘이다.

어느 날 갑자기 마음이 변해 왠지 클래식 음악도 들어보고 싶고 클래식 라디오의 다양한 방송을 청취하기로 마음을 굳힌 게 두 번째 사유다. 유튜브의 어풀을 삭제할 일은 아니고 가끔 들어 볼 생각이다. 오늘은 9월이 가는 마지막 날이다. KBS 방송에서는 한 주간의 일기예보를 알려주고 있다. 하필이면 청명했던 날씨가 국군의 날에 비가 온다고 예보한다.

멋진 국군의 날 행사를 보려고 많은 시민이 늠름한 우리 국군의 모습을 보려 했는데 진행이 잘될지 염려가 된다. 다행히 오후에는 비가 그친다 하니 다행스럽다. 무덥던 날씨가 한풀 꺾인 것 같다. 제 모습을 찾은 걸까? 가을이란 것을 잊지는 않은 것 같다. 10월 1일부터 본격적인 가을이 시작된다고 한다.

계절은 어김없이 찾아오는 게 자연의 현상이다. 가을은 남성의 계절이다. 감성이 별로 없는 남성이라도 해도 왠지 가을 하면 마음 설렌다. 가을이 온다기에 졸 시 한번 써볼까 한다.


- 아! 가을인가 -


봄, 여름, 가을, 겨울,

사계절은 모두가 좋은데


가을이란 계절은

감성의 늪으로 끌어가는 계절인가


울긋불긋 단풍은 아름답지만

낙엽 밟는 소리는


떠나려고 서성거리는

나그네의 뒷모습이다.

- 졸시


그래서 오늘 내가 라디오를 샀다.

## 맨발로 걸어보자

동녘 하늘이 붉게 물들 때쯤, 휴대폰에 저장된 알람 소리가 요란하다. 일어나라고 반복해서 울린다. 오늘 하루가 시작되는 시간이다. 우선 오늘을 보게 해주신 창조주께 감사드려야 할 것 같다. 우선 일어나 아침 스트레칭을 시작한다. 아침 스트레칭 순서를 휴대폰에 저장해둔 것을 보고 시작한다. 매일 아침 반복하는 편한 운동이다. 밤새 잠자던 골반을 부드럽게 풀어주고 하루 종일 자세를 반듯하게 해주는 프로그램이다.

매일 하는 스트레칭임에도 꼭 휴대폰에 저장된 프로그램을 불러낸다. 얼마 전 아내에게 핀잔을 들었다. 아직도 순서를 암기하지 못하고 스마트폰에 의지하느냐고 따끔하게 한 방 먹었다. 할 말이 없다. 암기하려는 노력이 없어서 인가, 아니면 무심하게 따라 한 탓일 수도 있겠다는 생각이지만, 나이가 들고 보니 금세 기억도 세월의 무게를 이기지 못하고 많이도 일그러진 기억력 때문인가 싶다.

스트레칭을 마치고 아내와 함께 아침 걷기 운동을 하러 매일 걷고 있는 산책로에 들어선다. 내가 살고 있는 지역은 관할 구청에서 주민의 건강 증진을 위해 아파트 주위를 황톳길로 조성하여 많은 주민이 혜택을 보고 있다. 왕복 걷는 시간은 40여 분이다. 아침 운동 거리에 딱 맞는 시간이다. 길섶에는 우송이 나무가 나란히 줄지어 숲을 이룬다.

부지런한 주민은 꼭두새벽에 일어나 오솔길을 대부분 맨발로 걷는다. 나와 아내는 지금까지 눈치도 없이 신발을 신고 걸었으니, 맨발로 걷는 주민들의 곱지 않은 시선을 얼마나 받았을까 생각하니 민망스러울 수밖에 없었을 터. 그래서인가 오늘 아침에는 아내가 제안한다. 우리도 오늘부터는 맨발로 걷자고 한다. 선뜻 내키지 않았으나 건강에도 도움이 되고 주민들의 곱지 않은 시선에서 벗어나야 하겠다는 마음에 아내의 의견에 따라 맨발로 걷기로 마음을 먹었다. 일거양득이 아닌가 싶다.

우선 휴대폰을 켠다. 맨발로 걷기가 어떤가 하고 검색한다. 맨발로 걷기의 효능을 알고 제대로 걸어야 하지 않겠는가 싶어서다. 한의학에서는 맨발 걷기의 장점은 발바닥이 지면과 직접 접촉하면서 혈액 순환이 개선되고 스트레스를 감소시키는 작용을 하며 자세 개선, 균형감각 향상, 면역체계 향상, 불면증 해소 노화 방지, 지압 효과가 있다고 한다.

이렇게 좋은 역할을 한다는데 그것을 모르고 신발을 신고 여태껏 아침 산책을 하였으니 미련하고 딱한 늙은이의 생각이 어둔해 보이기 십상이다. 신발과 양말을 벗어 길섶에 나란히 두고 걷기를 시작한다. 첫발을 내딛는 순간부터 발바닥이 시원하고 촉촉한 느낌이 상쾌하다. 한참을 시원한 느낌을 느끼며 걷고 조심조심 걷고 있는데 저만큼 앞에 아주머니 한 분이 백색 지팡이를 짚고 걷고 있다. 앞에는 강아지 한 마리가 아주머니를 안내하는 듯하고 아주머니가 걷기가 불편한 듯 더듬거리며 뒤따라가고 있었다.

자세히 살펴보니 시각장애인이 강아지를 앞세우고 걷고 있었다. 아주머니 옆을 급히 지나치자 강아지 녀석이 소리 내어 짖으며 내게 공격 모드로 전환한다. 강아지 녀석이 주인을 보호하기 위해 방어를 하는 모습이다. 제법 위풍당당한 훌륭한 충견이다. 시각장애인을 위한 안내견 수준이 아닌 애완용 강아지가 주인을 보호하는 모습을 보고 감동을 하지 않을 수 없다.

시각장애인과 강아지가 걸어가는 모습을 보고 나도 모르게 잠시 나의 머릿속을 들여다본다. 이웃을 배려하고 반듯하게 살고 곱게 늙어가고 있는지, 다시 한번 마음을 다잡아 보고 있는 순간이다. 시각장애인의 용기와 강아지의 충성스러운 모습에 마음속으로 찬사를 보내지 않을 수 없다. 황톳길이 끝나고 인도로 들어오는 큰길 네거리에 커다란 현수막이 걸려있다. 어느 국회의원이 자랑삼아 걸어놓은 현수막이다. "황톳길 개선과 CTV를 설치하기 위해 정부로부터 8억 원을 배정받았다"라고 쓰여 있다. 한숨이 절로 나왔다. 고작 생각이 그 정도면 의원 사무실에 항의 전화 해보았자 소귀에 경 읽기다 싶어 생각을 고쳐먹는다.

올해는 유난히 무더운 여름날이다. 낮 기온이 34도를 오르내리는 날씨 속에 독거노인들은 쪽방에서 선풍기에 의지하며 하루를 보내고 있을 테고, 그나마 입에 풀칠이라도 하려고 종이 상자를 주스며 손수레에 의지해 오르막을 오르내리는 노인의 모습을 생각하니 가슴이 막막하다.

길잃은 노숙자들은 어떤가. 약자와 지역사회의 아픈 곳을 살펴야 할 국회의원 생각이 고작 황톳길 운운하는 발상에 화가 나지 않을 수 없다. 아침 맨발 걷기운동에 기분 좋은 하루가 될까 했는데 자질 없는 국회의원의 현수막 내용을 보고 나니 가슴 허허한 아침이다.

# 명예로운 제복

　　　　　　　　　　　　　　　　　자유민주주의 사회는 늘 시끄러운 사회인가. 자유라는 의식이 넘쳐서인가. 자고 나면 정치판의 달갑지 않은 소리가 눈과 귀를 피로하게 하게 한다. 우리 정치판은 조선 사회의 유산을 고스란히 물려받은 것인가. 별반 다름없다는 생각이다. 국민의 생활에는 관심이 있는지 알 수가 없다. 딩동 하는 벨소리에 현관문을 열어보니 택배 기사가 들고 있는 커다란 상자가 보인다. 택배 배달원이 서명해 달라고 한다. 언 듯 보니 박스면에 "월남 참전유공자 명예로운 제복"이라고 쓰여 있다.

　몇 달 전 보훈부에서 참전유공자 제복을 신청하라는 공문이

왔었다. 별로 달갑지 않아 신청을 포기하려 하니 아내가 반대한다. 일단 신청을 하자고 했다. 월남 참전 60주년을 기념하는 보훈 기념 사업이다. 누가 제안을 해서 기획을 하였는지 뜻있고 고마운 마음이지만, 내 생각으로는 쓸데없이 예산을 낭비하는 게 아닌가 생각해 본다. 우선 제복의 효율성을 지적하지 않을 수 없다. 요즘 시대에 참전용사라고 표시 내며 제복을 입고 다닐 사람이 과연 몇 명이나 될지 의문을 가질 수밖에 없다.

사선을 넘은 지 60여 년이 지난 참전유공자 들은 대부분 나이가 80 고개를 넘은 분들이다. 제복을 언제 입어볼 기회도 별로 없다. 현충일, 6.25 기념식에 초청되어 갈 때 한두 번 입을 수 있겠지만, 평소에는 입을 사람이 없을 듯하다. 어떤 언론 매체에서는 제작비 한 벌이 75만 원이며 다른 쪽은 17만 원이라고 한다. 모든 것을 부정적인 생각을 하고 사는 오늘이다.

살아온 날보다 살아갈 날이 많지 않은 노병들이다. 무더운 8월의 태양이 기승을 부리고 단칸방에서 선풍기에 의지해 하루를 살아가는 노병도 있을 테고 폐지를 주의며 살아가는 노병도 있을 것이다. 관련 기관에서는 참전유공자의 수당을 점차 올려 준다고 하지만, 두고 볼 일이다. 참전용사의 월 수당이 고작 42만 원이다. 보훈부에서는 매년 3만 원을 인상해 50만 원을 준다고 했다. 50만 원을 가지고 궁핍한 생활에서 벗어날 수 있을지 하는 생각이다. 고물가 시대에 맞는 적절한 수당을 지급하면 어떨까.

공 수레가 되는지는 안 되겠지만, 그때쯤은 이 세상에 숨 쉬고 있는 노병들이 과연 얼마나 될까.

살아온 날보다 살아갈 날이 얼마 남지 않을 거라는 이야기다. 반듯하게 차려입고 거리를 활보하는 노신사의 모습을 보고 싶다. 제복 단추를 보니 보기 좋은 디자인이다. 이럴 바에는 참전용사의 자부심을 가지도록 단추 디자인을 작은 배지로 만들어 보급한다면 오히려 좋은 생각이 아닐까. 매일 입고 다니는 옷에 달고 다니면 자긍심이 생기지 않겠는가 싶다.

예산도 적게 들고 일거양득이 되겠다는 나의 짧은 생각이다. 저세상으로 가면 제복은 어느 누가 보존해 줄 것인가. 세월이 바뀌었다. 후세들은 폐기 처분을 할 수밖에 없을 터. 할아버지 또는 아버지의 참전용사 제복을 가문의 영광과 긍지로 보존할 후손들이 과연 얼마나 될지 생각해 본다. 목숨을 담보로 정글을 헤매며 피땀 흘리던 전우들의 기억이 가물가물하다.

기억이 세월에 묻혀 노쇠화 되어가는 현실에서 오늘 영광스러운 제복을 받고 보니 지난 세월이 까마득히 보인다. 전우들이여! 지금 무엇을 하고 있나? 제 몸 하나 보살피기 어려울 텐데 혹여나 손자 보느라 힘들고, 며느리 눈치 보여 막걸리 한잔하고 할멈과 동네 공원에서 멍때리고 있지는 않겠지. 제복을 받고 보니 문득 60여 년 전의 생각이 떠올라 오랜만에 책장 한 모퉁이에 자리 차지하고 있는 사진첩을 꺼내어본다. 빛바랜 사진 속의 전우들을 만나려고 사진첩을 뒤적거린다.

　세월의 무게에 짓눌려 있던 사진첩에서 옛 전우들을 만난다. 그때의 모습이 새삼스럽다. 내일의 생사를 알 수 없는 전쟁터에서 그들은 환한 웃음을 펴고 있다. 역시 젊음은 아름답다. 젊음의 용맹스러운 힘은 어디서 오는 것일까? 역사의 한 페이지에 점을 찍어본다는 자부심에서일까? 막상 제복을 받고 보니 제복에 부착할 훈장이 없다.

　우쭐했던 마음이 졸지에 나지막해진다. 그대 앞에 서면 나는 왜 작아지는가. 대중가요 생각이 머릿속을 지나친다. 자존심이 상하는 순간이다. 명예로운 제복에 훈장이 없어 인터넷에서 훈장, 약장을 만들어 팔고 있는 제작사를 검색하려니 자존심이 앞을 막는다. 이 나이에도 자존심 운운하는 내 모습이 한심하다.

　창틀 넘어 숲속에서는 나의 바보 같은 생각을 비웃는 듯 매미소리 요란하다. 나뭇잎 사이로 비집고 내려오는 8월의 푸른빛을 품어본다. 아주 오랜 세월을 걸어 내게 찾아온 명예로운 제복이기에 감사한 마음으로 입어본다. 거울에 비치는 모습이 아직은 노병다운 멋진 모습이다. 비록 백발이 된 노병의 모습이지만, 60여 년 전의 기억을 되살려보고 있는 8월의 한나절이다.

# 모잠비크에서 온 편지

오늘은 병원에 검진하러 가는 날이다. 이른 새벽 6시에 택시를 이용해 병원에 들렀다. 병원 원내로 들어오니 로비에는 커다란 크리스마스트리가 아름다운 불빛을 자랑이나 하듯이 깜박거린다. 병원 로비에 설치한 트리가 병원에 들르는 환자를 위해 잠시라도 마음을 편안하게 해주려고 배려한 것 같다. 한참 동안 바라본다.

젊은 날의 그리움이 슬며시 떠오른다. 어느 시인은 그리움이 없는 사람은 가난한 사람이 했다. 감성이 없다는 말인 것 같다. 며칠 후면 크리스마스다. 거리에는 캐럴이 흘러나오고 구세군의 딸랑이 소리가 거리를 물들인다. 밤거리의 화려한 크리스마스트리 불빛과 거리를 걷는 사람들의 발걸음이 경쾌하게 느껴진다. 진료 결과는 좋았다. 피검사를 하고 서너 시간 기다려 결과를 보고 집으로 돌아오니 점심때다. 반나절을 병원에서 순서를 기다리고 대기를 했더니 피곤이 겹쳐온다. 한국외방선교수녀회에서 우편물이 왔었다. 정기적으로 보내주는 "온 세상을 두루 다니며"라는 수녀님들의 해외 봉사 소식을 전하는 사랑의 소식지다. 첫 장을 펼치니 모잠비크에서 보내온 SOS다. 첫머리에는 만인에게 복음을!

 선교지 모잠비크에서 봉사하고 계시는 수녀님의 편지다. 한국에서 수녀 생활을 할 때의 이야기를 우선 곁들인다. 주일 미사 때 제일 앞자리에 앉아 이곳 성당 신자들의 주일 미사 때 헌금하는 모습을 유심히 살펴보았다. 대부분이 동전 한 닢을 헌금하는 모습을 보고 갑자기 눈시울이 뜨거워졌단다. 그분들의 거친 손에 쥐어진 동전 한 닢을 통해 그분들의 삶이 속속들이 보이는 것만 같았기 때문이었으니 눈물이 날 수밖에 없지 않았을까.

 과부의 봉헌을 지켜보셨던 예수님의 마음이 이런 것이었을까? 하는 생각에 수녀님은 눈물을 흘렸다. 동전 한 닢에 신자 분들은 자기 삶의 무게를 함께 가져와 누구도 헤아릴 수 없는 각자의 조그마한 정성을 담아 헌금함에 넣는다. 동전 한 닢이지만, 소중한 마음을 던져주고 다시 하루의 일상으로 돌아가 한 주일을 살아가는 모습을 우리는 어떻게 이해해야 할 것인가.

문득 젊은 시절 때의 기억이 떠오른다. 경상남도 산청, 어느 산 깊숙한 곳에 한센 환자와 함께 생활하고 있는 성당에 가톨릭 사진가 회원들이 피정을 하러 들렸다. 2박 3일간 그들의 숙소를 하나하나 둘러보고 미사도 함께 본 기억이다. 헌금은 역시나 동전 한 닢이었다. 뭉그러진 양손으로 동전 한 닢을 바치는 그들의 모습을 멀찍감치 앉아 보던 그때의 생각이 떠오르니 가슴이 편하지 않다.

나이가 많으신 환자가 미사 도중 정신을 잃고 쓰러지면 수녀님들이 달려가 부축하여 밖으로 나온다. 응달진 이곳에서도 수녀님들은 궂은일도 마다치 않고 사랑으로 자기의 소명을 다하고 있었다. 나는 언제나 수녀님을 천사라고 부른다. 가난, 정결, 순명, "복음삼덕"을 소중히 여기며 사랑을 실천하는 분들이기에 천사가 따로 없다는 생각이다.

모잠비크에서 온 편지에는 후원자분들에게 고마운 마음도 잊지 않았다. 후원자 여러분의 덕분으로 이곳에서 목마른 이에게 우물도 파주고 가난한 어린이들의 교육도 하고 복음 선포의 소명을 다하고 있다며 사랑한다는 인사도 곁들여 전했다. 편지의 내용은 다름 아닌 후원금을 청하는 내용이었다. 교육의 장소인 교실이 모자라고 우리가 상상도 못 하는 그곳의 어려운 사정을 호소하는 내용이다. 자기를 희생해 가며 사랑을 실천하는 마음에 고개가 절로 숙이는 것은 자연스러운 일이다.

내가 부산에 거주할 때 한국외방선교수녀회에 행사가 있어서 교우한 분이 사진 촬영 봉사를 함께해 달라는 요청을 받고 봉사를 한 것이 인연이 되어 회원이 되었고, 어느덧 20여 년의 세월이 흘렀다. 비록 얼마 되지 않은 후원금이지만 지금도 매월 후원하고 있다. 동전 한 닢만 한 정성이 과연 이들에게 얼마만큼 도움이 될지 쑥스럽기만 하다.

수녀님의 마지막 문장이 애절하다. 이곳 어린이들의 손을 잡아 주실 분들의 아낌없는 후원이 하늘에 가 닿기를 기도하며, 모잠비크에서 SOS를 보냅니다.

"도와주세요!"하는 수녀님의 음성이 기다랗게 여운을 남긴다.

# 미학(美學)은 따로 없다

소나무 하면 배병우 작가다. 배병우 소나무 중에 만나고 헤어지는 시리즈가 있다. 개인적으로 이 시리즈를 좋아하는데 사진은 분명히 Why(왜) What(무엇) How(어떻게)가 있어야 한다. 경주 남산에 들렀다. 우리나라에서 널린 것이 소나무이지만, 경주 남산 소나무는 특별하다고 해서 많은 작가가 줄을 이어 찾아오는 명소이다. 그 가운데서도 신라 왕족의 무덤가 삼릉, 오릉의 소나무는 역사의 주춧돌이 되는 소나무이기에 더욱 특별한 뜻이 있기 때문이다.

한민족의 정한(情恨)이 있는 소나무를 촬영하려고 꼭두새벽에 왔지만, 아침 안개를 걷어치우는 초가을의 햇빛 때문인가 안개가 사라져 은은하고 깊은 맛도 표현해야 하는데 아우라가 없어 실망스러울 수밖에 없었다. 소나무 사진은 한민족의 오랜 아픔이 있는 이산(離散)의 스토리텔링이다. 일제 강점기로부터 지금까지 우리 민족만큼 만남과 헤어진 민족은 없을 거다. 소나무는 가지와 몸통들이 서로 얽혔다 떨어졌다 한다. 미적인 표현을 추구해서는 안 된다. 소나무 모습에서 작가들은 끈질기고 모진 이산(離散)의 아픔을 표현해야 한다.

내가 촬영한 소나무가 제대로 된 사진인지 의구심을 품지 않을 수 없다. Why, What, How에 관한 질문에 당당하게 대답할 수 있어야 하는데 울림이 없는 허접한 사진으로 보이는 것 같다. 날씨 탓은 변명일 뿐, 창작의 길은 험하고 외로운 나그넷길인가 싶다. 소나무는 배병우 작가의 특허품이나 다를 바 없다. 이미 명성을 얻은 소나무의 작품은 타인이 아무리 잘 찍었다 한들 별 의미가 없다. 작가의 세계는 냉혹한 게 사실이다.

모든 작품 활동은 나만이 고집하는 콘셉트를 가져야 한다. 내 나름의 작품을 만들면 될 것인데 굳이 타인이 발표한 특허나 다름없는 피사체를 찍는다는 것은 작가로서 모순이 아닌가 하는 생각이 불쑥 나고 초라한 나의 모습을 보는 순간이다. 창작은 자신의 몫이다. 굳이 타 작가의 작품을 흉내를 내는 일은 없어야 할 것이라는 생각이다. 복제품이 되고 아무런 감정도 없는 사진이 되기 때문이 아닌가 싶다. 한 장의 사진은 무엇을 찍었건 어떻게 찍었건 간에 작가가 나타내는 마음의 표상이다.

모처럼 큰맘 먹고 찾아왔지만, 날씨가 허락하지 않는다. 사진 촬영을 하다 보면 때때로 헛걸음을 하는 일이 다반사다. 그러기에 끈질긴 인내가 필요하다. 오늘이 아니면 내일이 기다리고 있기 때문이다. 몇 번이고 찾다 보면 이루어지는 게 사진의 매력이다. 사진 촬영하기 좋은 시간은 아침과 햇살 좋은 오후 내시경이다. 빛이 얕다는 감정을 느낄 때다. 빛과 조화를 이룰 수 있는 시간이기 때문이다. 사진은 빛이 만들어내는 예술품이다.

오늘은 촬영을 이쯤에서 마감을 할 수 밖에 없다. 시간을 맞추느라고 아침을 거르고 열심히 부산에서 이곳까지 왔기에 배가 출출하다. 소나무 촬영지 길 건너에는 식당이 여러 곳이 있다. 이곳은 관광지이기에 경주에 오면 자연스럽게 관광객은 소나무가 있는 "삼 능"을 찾는다. 우선 식당에 들린다. 금강산도 식후경이라는 속담도 있는 데 우선 배고픔을 면해야 하지 않겠는가. 나만 식당을 찾는 줄 알았는데 단체로 촬영하러 온 회원으로 보이는 분들이 우르르 방안을 채운다.

관광버스가 주차장에 있는 걸 보나 꽤 먼 곳에서 온 듯하다. 빈손으로 돌아간다는 마음은 썩 좋지는 않을 듯한 표정들이다. 내 생각으로는 작품을 만들려면 혼자 다니는 게 상책이다. 단체로 따라다니다 보면 대부분 같은 피사를 찍기에 독창적인 작품을 만들 수 없고 대부분 비슷한 장면으로 표현하기에 사진다운 사진을 볼 수 없는 게 사진의 특성이다. 배고픔을 면하고 부산으로 되돌아가는 길. 어떤 길로 갈지 생각하다 국도로 가기로 마음을 열었다. 고속도로로 가면 주위에 볼 것이 없다.

국도를 따라가다 보면 볼거리가 있다. 가을볕에 나지막하게 엎드려있는 시골집을 만날 수 있고 마당에는 빨갛게 익은 고추가 널려 있을 것이고, 담벼락에 달린 호박도 볼 수 있는 농촌의 풍광을 만날 수 있기 때문이다. 얼마를 가지 않아 차창 밖에는 누렇게 물든 벼가 고개를 숙이며 겸손의 미덕으로 다가온다.

역시 가을은 수확의 계절, 감성의 계절임을 느낄 수 있다. 사진의 미학은 따로 없다. 여기에 소소한 미학을 찾아볼 수 있기 때문이다. 미학은 특별한 곳에 있지 않을 것 같다. 차창밖에 코스모스도 미학은 따로 없다고 살랑이고 있다.

# 사랑의 김치

　　　　　　　　　　　　　　　　　　우리가 생활하면서 겨
울철이면 제일 중요하게 여기는 반찬은 김치가 빠질 수 없다. 내
집 옆집 할 것 없이 김장철이 되면 나이 든 어머니들은 근심거리
중 한 가지가 김장하기다. 요새는 핵가족의 시대에 살기에 젊은
사람들은 김장 걱정을 하지 않는다. 마트에 가면 각종 반찬이 즐
비하게 차려져 있는 게 오늘의 현실인데 굳이 무엇 하러 힘들게
김치를 담그겠는가. 밥하기도 귀찮아서 햇반 몇 개를 사 오면 서
너 식구들은 아침, 점심, 저녁 세끼를 먹을 수 있는 편리한 세상
에 살을 부치며 살고 있다. 옛날에는 딸을 시집보낼 때가 되면
어머니들은 딸에게 밥 짓는 것부터 반찬 만드는 것을 가르쳐 주

었다. 요새는 대부분 본인이 알아서 하는 세상이다. 라면을 사 먹든 무엇을 먹든 꾸짖을 사람이 없으니 좋은 세상에서 살고 있다. 예전엔 우리 어머니들은 시부모님 모시고 신랑 건사해 주기에 눈물 콧물 흘렸다. 행주치마에 묻은 사연들이 스친다. 시부모와 함께 밥상 마주하지 못했고 부엌에서 쪼그려 앉아 혼자 밥 먹던 이 땅의 어머니들을 잠시 생각해 본다.

서글프던 지난날 이야기하면 무엇하리오 만, 왠지 김장철이 되면 문득 생각이 나니 나도 이젠 많이도 늙어진 것 같다. 우리의 음식 전통은 대를 이어 내려오고 있다. 요즘 젊은이들은 전통 음식을 별로 중요하지 않게 생각하지만, 아직도 우리같이 나이 든 노인네들은 어릴 때 귀가 따갑도록 유교 사상을 주입 받았기에 아직도 그 틀에서 벗어나지 못하고 있다. 올해 역시 우리들의 어머니들은 도시로 떠나 살고 있는 자녀들에게 김장하여 사랑이 듬뿍 든 김치를 보내고 있는 게 현실이다.

사랑의 김치는 자녀들 외에도 보낼 곳이 많다. 이웃과 정을 나누며 찾아주지 않은 독거노인들과 각종 보호기관에 김치 보내기 운동을 하고 있다. 지방 정치인들은 이때를 놓치지 않는다. 오랜만에 지역 주민들과 어울려 얼굴 한번 내미는 것도 볼만하다. 모처럼 이웃과 웃음이 있는 날이 김치 담그는 날이다. 우리도 마찬가지다. 시골 처가 식구들과 김치를 담근다고 얼마 전부터 아내는 친정집 막내 여동생과 연락을 한다. 손맛 좋은 아내가 총괄을 한다. 김치 버무릴 장소는 내가 수시로 거처하는 언양 집이다. 배추는 어느 친절한 분이 직접 가꾼 배추를 인심 좋게 100포기나 보내왔다. 시골 인심하고는 분에 넘치는 배품이다. 덕분에 배춧값을 내가 보태지 않아도 되었다. 내 주머니 사정을 알기나 한 듯 고맙기도 하다. 배추를 전문적으로 절이는 곳에서 하룻밤을 재우고 이튿날 체제 친구가 운반해 왔다. 그 무거운 배추를 혼자서 늦은 저녁 시간에 가져왔다.

아무도 없는 집 평상마루에 두고 간 것 같고 고생 꽤나 했을 것 같다. 비닐봉지로 포장까지 해서 가져온 고마운 친구다. 요즘 시골이나 도회지에서 서로 도와줄 친구가 과연 얼마나 될까? 처제가 이웃에 베푼 것이 많아서 인가, 알뜰한 기독교 신자라서인가 늘 사랑의 실천을 하는 처제라 친구에게도 도움을 준 덕분이라 생각된다. 주고받는 정이 있는 이곳은 아직 살만한 동내인 것 같다.

내일모레쯤 김장하는 날을 정한 것 같다. 아내는 나와 함께 시골집에 가자고 한다. 김장하는데 내가 가보았자 별 도움이 되지 않지만 그래도 필요할 때가 있다며 가자고 한다. 하기야 집에 있어도 별일 거리가 없으니 바람도 쏘일 겸 겨울 여행 하듯이 가기로 했다. 요즘은 웬일인지 열차표 구하기가 어렵다. 이 삼 일 전 예약을 하지 않으면 입석행이다.

이동 인구가 부쩍 많아진 것 같다. 경기가 회복되어서인가. 그

것도 아닌 것 같다. 태국에서 사업을 하는 아들 녀석이 환율이 떨어져 한화를 바트(태국 돈)로 바꾸면 예전과는 달리 엄청 손해를 본다고 한다. 이유는 국내 정치 상황 때문이란다. 한화가 X값이 되었다고 투덜거렸다. 아내와 나는 같은 좌석이 아니고 멀리 떨어져 가야 한다. 앉아서 가는 것도 다행스럽다. 자칫했으면 입석할 뻔했다. 울산역에 도착을 하니 처제가 차를 가지고 마중을 나왔다. 걸어서 집까지 20여 분밖에 되지 않아서 운동 삼아 걸어가려고 했는데 애써 마중까지 나왔다.

마음 씀씀이 살가운 처제이니 내가 좋아할 수밖에 없다. 늦은 저녁 약속이나 한 듯 김장을 하기 시작한다. 다른 동네에 있는 처형도 왔고 처남댁 그리도 처제와 아내가 양념을 버무리며 무슨 이야기를 했는지 웃음꽃이 만발이다. 내가 할 일은 생각하기보다 힘든 일이다. 바깥에 있는 절인 배추 100 포기를 주방까지 옮기는 일이다. 예삿일이 아니다. 팔순이 지난 나를 보고 가져오라 한다. 겉보기에 아직 젊게 보이는 탓인가,

하라면 해야지 할 수 없는 일이다. 100 포기를 옮기고 나니 허리가 뻐근하다. 아내가 나를 쓸데가 있다고 말한 것이 절인 배추 운반을 하는 일인지 내가 어떻게 알 수 있었겠나. 한편으론 괘씸하다는 생각이 들기도 하고 속은 분풀이를 할 때도 없다. 한참 배추를 버무리 다가 양념이 된 배추 한쪽을 때어 둘둘 말아서 맛을 보라고 입에 넣어준다. 양념이 제대로 된 것 같다고 했다. 합

격 점수다. 손맛 좋다고 소문난 아내가 오늘 이곳에 서도 제대로 솜씨 자랑 한 번 했다. 한참 걸릴 줄 알았는데 빠른 시간에 일을 마치고 이곳저곳에 보내려고 포장을 한다.

사랑을 담은 김치다. 받는 기쁨보다 베푸는 기쁨이 진하게 느껴진다. 2024년 한 해가 저무는 시간 사랑을 전하고 있는 모습을 보니 모두가 한 해를 잘 보내고 있는 것 같다. 삼겹살 한 점을 입 안이 불룩하도록 넣어 보는 것도 좋을 것 같다. 김장하기가 끝나면 삼겹살을 구워 먹는 게 소박한 우리 서민들의 전통 삼겹살 문화다. 여기에 소주 한 잔 곁들이면 더욱 좋을 것 같다.

## 새해 아침

　　　　　　　　　　　　　　　갑진년 한 해가 지나가
는 것이 아쉬워 늦은 밤까지 라디오를 듣다 보니 제야의 종소리
가 은은하게 들려온다. 잘 가세요, 잘 있어요. 2024년 어린 시절
불러보던 송년의 노래가 생각난다. 말도 많고 서러움에 멍들었
던 한 해를 마감하고 새해를 맞이하는 순간이다. 보신각 종소리
가 희망찬 2025년을 알린다. 참가자들의 환호가 들려온다.
　희망의 새해를 축하하기 위함이다. 다시는 되돌아보지 말아
야 하는 갑진년이지만, 때로는 지난날을 반성하고 새로운 도약
을 위한 여지를 남기려면 잊지 말아야 한다는 이야기도 설득력
이 있기도 한 것 같다. 새해 아침 아내가 끓여준 따끈한 떡국을

앞에 한다. 오랜만에 먹어보는 떡국이다. 쫄깃쫄깃한 식감이 입맛을 돋우고 덤으로 간간이 씹히는 쇠고기 맛이 특별하다. 여기에 따끈한 정종 술 한잔 곁들이면 금상첨화이긴 할 테지 만, 건강이 허락하지 않는다.

딸애는 올해도 건강하시라면서 100수를 응원한다. 듣기에는 좋을 수 있으나 이건 아닌데 라는 생각이 앞선다. 자식 된 도리를 이야기하는 것으로 이해한다.

인간은 아쉽다 할 때 세상을 떠나 자리를 비워 주어야 한다. 더러는 오래 머무는 것보다 떠날 때를 맞추어 떠나는 것이 아름다운 그리움이 되지 않을까 싶다. 식물들도 마찬가지다. 가을날 낙엽이 지는 것은 내년 봄 돌아날 새싹을 위해 자리를 내어주려고 떨어지는 것이라고 이해해야겠다. 낙엽은 자기가 떠날 때를 알고 자리를 비워 준 것이 아닌가 싶다.

그러니 떠난 자리가 아름답지 않겠는가. 인간들은 오래 살고 부귀영화를 누리려고 안달하며 목을 매단다. 그와 반대로 자연의 질서는 아름답다. 누가 가르쳐 준 것도 아니지만 신비한 게 자연의 질서다. 갑자기 아내가 새해에는 어떤 계획을 생각하고 있는지를 물어온다. 무슨 계획, 살아온 날보다 살날이 얼마 남지 않는 시간인데 무슨 계획이 있겠느냐고 퉁명스럽게 대답한다. 이 나이에 응달진 곳에 살고 있는 분들에게 도움을 줄 수도 없다.

어떤 것도 할 수 없다는 게 안쓰럽다. 어느 스님이 이야기한 것을 이행하려고 한다. 나이가 들면 곱게 늙으라는 소중한 말을 되새겨 곱게 늙는다는 게 첫 번째고, 다음이 건강을 살피는 것이고 글도 계속 쓰고 솜씨 없는 그림이지만, 계속 붓질을 하는 게 올해의 목표라 했다. 멀리서 가까이서 까꿍 하며 카카오톡이 울린다. 입버릇처럼 올해도 건강하고 복(福) 많이 받으라는 내용이다. 어쩌든 고마운 일이다. 새해에 주고받는 인사며 안부를 전한다. 그래도 옛 직장 동료들이 이곳 먼 대전에 살고 있는 내게 안부 전해 준다는 게 얼마나 고마운 일인가를 생각해 본다. 세월이 변한 탓인가. 요새는 신정(양력 설날)이라도 떡국을 끓여 먹고 안부 인사를 전하는 것을 보면 생활 문화도 많이 달라진 것 같다.

하기야 인공지능 시대에 진입한 세상에서 살다 보면 모든 게 각박해지고 사랑이 무엇인지 잊고 사는 세상에서 그나마 인공지능의 일부인 카톡으로 안부를 전한다는 게 그나마 다행스럽다는 생각이다. 지금도 시골 옛 고향 친구들은 카톡이 아닌 전화로 안부를 전해온다. 고향 하면 나이가 들어도 울컥하는 게 우리들의 아름다운 정서다. 구수한 안동 사투리를 잊어버릴 뻔했는데 오랜만에 들어보는 친구들의 사투리를 듣고 보니 고향만큼은 좋은 데가 없을 듯하다. 고향을 떠나지 않고 고향을 지켜준 벗들에게 고맙다는 말 전했다.

선비의 고장, 멋과 해학이 있는 풍성한 고향이다. 나이 더 들기 전, 따뜻한 봄날에는 고향을 찾을 생각이다. "순이도 만나보고 철수"도 만나보아야겠다.

# 서사(敍事)를
## 잃어버린 시대

　　　　　　　　　　　　　　　　　가을 하면 독서의 계절
이라고 한때는 떠들썩했는데 요새는 책 대신 휴대폰에 내장된
갖가지 정보를 살펴보기에 바쁘다. 공원이나 열차 내에서도 책
을 펼치는 사람은 없고 대부분 휴대폰에 눈이 꽂혀있다. 문화체
육관광부의 통계에 의하면 성인 10명 중 6명가량은 일반 도서를
연간 한 권도 읽지 않는다는 발표를 한바 있다. 어제오늘의 일이
아닌데, 10월의 어느 날 저녁 갑자기 찾아온 기쁜 소식에 온 국
민들도 모처럼 환한 웃음을 머금었다. 스웨덴 한림원에서 벼락
처럼 전해진 "한강" 작가의 노벨문학상 소식 때문이었다. "한강"
의 기적이 일어났다고 언론 매체에서 대서특필하고 있다. 기적

이 아니란 생각이다. 기적은 가능성이 매우 희박한 상태를 이르는 말이므로 미안하지만, 기적이란 단어는 지워야 할 것 같다. 책 읽지 않은 불모지 나라에서 일어난 큰 사건이기 때문에 기적이라고 표현한 것이라 이해해야겠다. 수상 소식이 전해지자, 서점 가에는 책을 사려는 사람들이 꼬리에 꼬리를 물고 불티가 났다. 작가의 책이 동이 나고 인쇄소에서는 휴일을 반납하고 작업을 했다 한다.

 서사(敍事)를 잃어버린 시대에 각고의 노력 끝에 당연히 찾아온 노력의 결과이기 때문이다. 시끄럽고 마음 둘 곳 없는 오늘의 사회 속에서 가뭄에 단비 오는 소식에 모두가 마음이 들떠있는 날이다. 오늘의 결실이 결코 행운처럼 찾아오지 않았음을 잘 아는 문학계의 기쁨은 크지 않을 수 없다.

 수상 소감을 묻는 기자에게 선배 작가에게 이 영광을 돌리고 싶다는 생각에 작가의 겸손을 느껴본다.

 또 "한강" 작가는 노벨문학상 발표 직후 이 소식이 한국문학 독자들과 친구 작가들에게도 좋은 일이 되기를 바란다며, 작가들은 삶에서 의미를 찾고 때로는 길을 잃고 결연했는데 그들의 모든 노력과 힘이 나의 영감이었다고 소박한 소감을 털어놓았다. 아시아 여성 작가 가운데 처음으로 노벨문학상을 수상한 주인공은 세계는 알았지만 우리는 주목하지 않았던 작가였다.

 한림원은 "한강의 작품은 역사적 트라우마에 맞서고 인간의 삶이 연약함을 폭로하는 강렬한 시적 산문"이라고 선정 이유를 밝혔다. 국가 권력이 국민을 강압하고 다스렸던 그 시대를 개인적인 내면의 세계로 들여다보는 작가는 역사적 사회적 문제를 역사적 트라우마에 맞섰다. 충돌이다. 어떤 문학 평론가는 왜 굳이 우리의 아픈 역사인 광주 5.18 사태와 제주 4.3 사건을 소설로 써서 온 세계에 우리의 국가 권력의 좋지 않은 부분을 알리게 되어 부끄럽다고 했다. 극성스러운 평론가라는 생각이 앞선다.

광주 5.18 사태와 제주 4.3 사건은 대부분 알고 있는 사건이다. 하필이면 이 좋은 날, 왜 잔칫집에 재를 뿌리는지 알 수 없다. 북한 사회의 실상을 소설로 써주었으면 박수를 쳐주고 싶다고 했다. 한마디로 "한강" 작가의 노벨문학상이 마음에 들지 않는다며 우리 역사의 어두운 한 부분을 작품화한 것을 가지고 좌파 작가라고 곱씹어서는 옳지 못하다는 생각이다.

5.18 광주 사건을 쓴 동기는 아버지가 우연히 보여 준 사진첩을 보고 집필했다고 한다. 그동안 현장 답사도 했을 터이고 주변에서 많은 취재도 했을 것이다. 자세한 내용은 보지를 않아 모르겠지만 때에 따라서는 작가의 번뇌와 감정에 따라 우리가 감당하지 못할 표현도 있을 수도 있겠지만 이를 소설이라 이해하고 자아(自我)를 찾는 것도 좋을 것 같다. 소설은 소설이고 픽션일 수도 있다.

역사적 사실을 한쪽으로 몰아붙였다는 평론가의 생각도 나무랄 수는 없다. 영화든 소설이든 역사적 사실은 신중해야 한다. 모든 예술 작품은 독자들에게 바람직한 가치와 실천을 위한 사회의 규범과 도덕적 책임을 져야 한다는 게 보편적인 생각이다. 작가가 자기 내면을 들여다보며 쓴 작품을 작가의 내면성, 세계관을 좌파적 시각으로 보고 좌파 작가라고 하는 것은 작가의 정신적 세계를 흔드는 일이며 좋은 일이 아니라는 생각이다.

역사적 트라우마와 직시하는 인간의 삶. 연약함을 드러낸 초탈한 작가가 아닌가 싶다. 한강 작가의 "채식주의자" 소설이 나올 때 구매해서 읽어본 게 어제 같은데 17년이란 세월이 흘렀다. 긴 세월 책장 한쪽에 잠자던 보물을 다시 읽어본다. 무엇이 문제인가 의문표를 달아본다. 겨우 두서너 줄밖에 되지 않은 성적표현을 가지고 자라는 어린이들에게 교육적으로 문제가 된다며 폄훼한 일도 있었다.

조선 시대에서는 이보다 더한 책도 있었다.

춘화도다. 조선 후기의 화가 혜원 "심윤복"은 노골적인 성행위를 적나라하게 그렸다. 이를 예술이라고 그의 예술성을 지금도 높이 평가하고 있지 않은가. 말도 많은 세상이다. 어느 언론사에서는 노벨문학상 배출은 했지만, 누군가 실상은 책 안 읽는 나라라고 일침을 놓았으나 내 어릴 때는 "밀림의 왕자"만화책을 사려고 어머니에게 채근 거리던 시절도 있었다.

누가 무어라 하던 한국문학의 쾌거이며 한국 문학사에 큰 획을 그었다. 자유 우파의 정서, 좌파의 정서가 반세기를 지나며 오늘도 티격태격하고 있다. 우리 민족의 고질적인 이념의 장벽을 언제쯤 넘어볼지 까마득한 오늘을 살고 있다.

# "서소문 밖 네거리"
## 시대의 기억을 탐방하다

오늘은 서울 여행길에 오르는 날이다. 딸애가 마련해준 여행이다. 여행을 잘 다니지 않는 부모를 위해 한해에 두어 번씩은 꼭 여행을 주선한다. 이번에는 역사 탐방 여행이다. 서소문 밖 네거리에 있는 서소문 성지 역사박물관을 들러볼 일이다. 딸애가 한번 다녀온 역사박물관이라 하며 아주 좋은 추억이 될 것이라고 알려준다. 혹시나 제대로 찾지 못할까 싶어 여러 번 지도를 보여주며 목적지를 알려준다. 자칫하면 노숙인 신세가 될까 싶어 걱정하는 것 같다.

대전역에서 한 시간이면 도착할 수 있는 서울이다. KTX에 오른다. 2박3일을 묵을 호텔은 역사박물관까지 걸어서 10여 분이면 도착할 수 있는 거리다. 나이 든 부모가 피곤한 여행을 할까 싶어 박물관 가까이에 있는 라마다 호텔을 며칠 전 예약을 한터라 신경 쓸 필요가 없다. 딸애의 마음 씀씀이 살갑게 느껴진다. 서소문 밖 네거리는 역사 시간에 귀가 따가울 정도로 들어보았고 할아버지의 덕분에 대충은 어떤 곳인지 알고 있다. 쉽게 설명하면 가톨릭 신자들의 순교지다.

저녁이면 할아버지께서 사랑방에 불러 역사에 관한 잡지를 손자에게 읽으라고 하셨다. 그러기에 역사 시험 점수는 늘 상위 점수를 받았다. 사랑방 창호지에 비치는 할아버지와 손자의 모습을 보는 가족은 늘 훈훈한 가족애를 느꼈을 것이며, 책 읽는 손자의 낭랑한 목소리는 문틈으로 새어 나와 담장을 넘었다.

서소문은 조선시대에 소의문이라고도 불리었던 서소문은 남대문과 서대문 사이에 있던 간문 이었으며, 도심의 시신을 밖으로 들어내는 문으로 시구문이기도 했다. 또한 서소문은 한양의 대표적인 시장이다. 하지만, 서소문 밖은 정부 사법기관인 형조와 의금부와 가까워 사형집행에 편리하였고, 많은 사람이 오가는 칠패시장 과도 인접해 죄에 대한 경각심을 불러일으킬 수 있는 접합한 장소였다.

한국 천주교가 창설된 이후 일백 년이 넘는 세월 동안 서소문 밖, 네거리는 수많은 천주교인이 처형을 당했다. 정조 사후 성리학적 사회질서를 위협하는 존재로 인식된 천주교도에 대한 박해가 시작되었기 때문이다. 지금은 서소문 밖 네거리는 조선의 신분제 사회에 맞서는 하느님 앞에 모든 인간이 자유롭고 평등하며, 서로 사랑할 존재임을 증거 한 순교자의 터가 되었다. "서소문 밖 네거리"는 조선 후기의 문화, 그리고 시대의 사회상을 오롯이 간직한 장소이다.

오래전부터 서소문 밖 네거리로 불리어온 이 공간 속에 켜켜이 쌓인 역사의 흐름이 현재 서소문 역사공원과 지하 서소문 성지 역사박물관으로 재탄생되어 오늘 우리를 맞이하고 있다. 서울역에 도착하자 곧바로 택시를 탔다. "라마다 호텔"로 가자고 하니 나이가 꾀든 기사가 나를 힐긋 쳐다본 후 중얼거린다.

여기서 걸어가도 되는데 뭣 하러 택시를 이용하느냐 하면서 건너편 택시 승강장에서 타면 금방 도착한다고 하며 여기서 타면 한참 돌아간다고 설명을 한다. 양심 좋은 기사를 처음 만나본다. 날씨도 무덥고 하니 그냥 가자고 했다. 기사의 말을 듣고 차에서 내리자니 체면이 구겨지기 때문이다. 늙은이가 서울 나들이 와서 혹시 용돈이 모자랄까 걱정이 되는지 계속 중얼거린다.

얼마 후 호텔에 도착하고 보니 점심시간이다. 카운터에 짐을 맡겨두고 호텔 지하 음식점에 들른다. 식당이 꽤 많아 보인다. 주변 사무실에 근무하는 직장인들이 단골로 찾는 것 같다. 음식 솜씨 좋은 아내가 내 입맛에 맞는 식당을 두루 살핀다. 먹을 만한 식당을 찾았다. 매콤달콤한 낚지 볶음밥 식당이다. 맛집이라고 쓰인 식당에는 기다랗게 줄지어 있는 모습도 보인다. 아무리 맛있는 식당이라 해도 집밥만 한 곳은 없다는 생각이다.

　점심을 먹고 객실에 들려 잠시 휴식을 취한다. 역시 서울은 서울인가 싶다. 호텔 고층에서 내려다본 서울 거리는 복잡스럽고 화려하다. 모두가 바쁜 모습들이다. 먹고 살기가 무척 바쁘기 때문인가. 의문표를 달아본다. 한참을 쉬었다가 서소문 밖 네거리에 있는 역사박물관을 찾는다. 10분 남짓하게 걸리는 거리다. 서소문 성지 역사박물관 정문에 들어섰다. 제일 먼저 "영웅"이라는 작품을 만나본다. 나무로 만든 긴 막대기가 하늘을 향해 우뚝 서 있다. 무얼 의미하는지 알 수가 없다.

　모든 작품의 표현에는 형식과 내용이 있다. 형식은 밖으로 드러내는 외형이고 내용은 안에 숨어있는 이야기로 이해한다. 서소문 역사박물관 입구에서 본 "영웅"이라는 작품은 둥근 나무를 중간중간을 이어서 기다랗게 하늘을 향해 세워놓은 작품이다. 그냥 무심하게 지나칠 수 있는 조형 작품이다.

　모든 예술의 미학은 아름다움을 넘어 보이지 않는 저 건너편의 아름다움을 찾는 것이다. "영웅"의 작품은 보는 이의 마음속을 파고드는 알 수 없는 무한의 상태를 만들고 있다. 작가는 우리에게 무엇을 알리려는지 그 속내를 알 수 없다. "영웅"어떻게 이해할 것인가. 이리저리 살펴보아도 답이 없다. 키만 크면 영웅인가? 서소문 역사박물관은 서대문 네거리가 지닌 시대의 기억과 역사적 가치를 바탕으로, 이곳을 생명의 공간으로 새롭게 탄생시켰다. 이 공간 속에는 켜켜이 쌓인 역사의 흐름이 있는 곳. 역사 속을 걸어보는 소중한 시간이 될 것을 기대하며 한 걸음 한 걸음 조심스럽게 조선 사회로 발을 들어 놓는다.

## 서울 나들이

　　　　　　　　　　　　　　　오랜만에 서울 나들이 하는 날이다. 딸애가 마련해준 서울 한옥 체험을 위해 KTX에 몸을 실었다. 우리 부부와 울산에 있는 막내 처제와 함께한 여행길이다. 지난번에는 딸애가 꽤 비싼 호텔을 마련해주어 편안하게 2박 3일간 서울의 거리를 누볐다. 이번에도 마찬가지다. 비싼 한옥 체험이다. 여행비용이 꽤나 많아 나로서는 부담이 되어 사양을 하지만, 딸애는 막무가내다.

　이미 예약을 해두고 난 후이니 할 수 없이 등 떠밀려 갈 수밖에. 아무튼 딸애의 마음 씀씀이 살갑다. 내가 길치라서 혹시나 집을 제대로 찾을까 걱정이 되어 네이버 지도를 펴서 몇 번이나 상세히 설명해 준다. 혹여나 노숙자 생활할까 봐 걱정인 모양이다. 창덕궁 주변에 있는 한옥이라 이곳은 재직 시 자주 다녀본 경험이 있어 그리 걱정을 하지 않아도 될법한데 딸애는 불안 불안이다. 나이 든 부모니까 걱정하는 딸애가 기특하기도 했다.

이번 여행은 단풍이 물들 시기가 딱 좋은 시기이기에 창덕궁 비원을 찾아볼 계획이다. 또 2박 3일간 오랜만에 한옥의 매력을 느끼며 한국적인 맛, 지난 추억을 소환해 볼 것이라는 기대가 큰 것은 말할 것도 없다. 서울역에 도착하여 지하철 1호선을 타고 창덕궁에 도착했다. 단풍 구경을 하려는 관광객이 꼬리에 꼬리를 물고 입장권을 사려고 순서를 기다리고 있다. 입장권 발매원 직원에게 오늘 비원을 관람할 수 있느냐고 물어보니 오늘은 예약이 끝나서 내일 아침 일찍 오라고 한다. 하기야 시간이 벌써 오후 2시가 지났으니, 숙소를 찾아갈 수밖에 없다.

오후 3시에 입실 시간이니 우선 딸애가 마련해준 숙소로 향한다. 때맞추어 주인이 대문 열쇠 비밀번호를 문자로 보내준다. 창덕궁 돌담길을 따라 10여 분 걸어가니 '아보현'이라는 간판이 영문으로 쓰여 있다. 한글로 표시했으면 한옥의 매력이 있을 터인데 왜 하필이면 영문으로 써놓은 건지 주인의 속내를 알 수 없다. 세상이 변한 탓인가 모두가 영문 표시다.

이번 서울 투어는 창덕궁 비원과 인사동이다. 그리고 쉬엄쉬엄 한옥에서 쉬어가며 둘러볼 생각이다. 한옥의 매력을 느끼며 딸애가 마련해준 여행을 소중하게 보낼 생각이다. 막상 대문을 들어서니 한옥의 느낌은 있으나 내부는 현대식으로 리모델링을 해서 한옥의 맛을 느끼기에는 다소 부족한 분위기이지만, 그래도 천정의 대들보와 가래 창문은 한국 건축의 맛을 보여준다. 저녁은 무엇으로 해결할까 망설이는데 딸애의 전화를 받는다. 대뜸 저녁을 시켜준다고 한다.

 아니 대전에서 서울식당을 어떻게 알고 하는 이야기인지 나로서는 황당하다. 보쌈을 드시면 어떠냐고 하기에 얼른 대답을 했다. 좋다고 하니 얼마 있지 않아 대문에서 벨 소리가 울린다. 저녁 식사가 배달되었다. 세상이 좋은 것 같다. 대전에서 우리가 있는 곳에 음식을 배달하는 세월과 딸애의 기발한 생각에 또 한번 놀랄 수밖에. 덕분에 저녁 식사를 끝내고 이야기꽃을 피우다 늦은 시간에 잠을 청한다. 이튿날 아침 식사를 마치고 일찌감치 창덕궁 매표소를 찾았다. 막상 와보니 긴 행렬이다. 모두가 부지런한 것 같다.

 이른 아침 시간인데 많은 관광객이 모였다. 줄을 서서 간신히 12시에 예약이 되었다. 자칫했다간 관람하지 못할 뻔했다. 역시 서울은 바쁜 시간을 사는 곳이다. 몇 시간을 기다려 입장을 했다. 입구에는 왕의 걸음으로 걷자는 팻말이 있다. 나도 왕의 걸음으로 걸어보겠다는 마음이다.

 바쁜 게 없고 남는 게 시간이니까 느긋하게 산책을 즐기자는 생각이다. 한참을 걷다 보니 고와야 할 단풍색이 말이 아니다. 이파리가 말라 색이 없다. 부용정에 이르기까지 단풍색을 즐길 수 없다. 몇 년 전에 왔을 때는 단풍색이 고왔는데 올해는 빈손으로 가야 했다. 모처럼 처제에게 비원 구경 시켜주려 했는데 조금은 미안하고 실망하게 해 준 것 같아 마음이 편하지 못했다. 관람을 마치고 나니 점심때다. 오랜만에 도성에 왔으니, 한식을 할까 싶어 창덕궁 돌담 옆에 있는 전통 한식 식당에 들렀다. 메뉴를 보니 꽤 비싸다. 난생처음 먹어보는 비싼 점심을 먹고 인사동으로 향한다. 가던 중 여운형이 살던 집터의 표석을 만났다. 계동으로 가는 길목에 표석이 초라해 보인다. 일제 강점기에서 활동한 대표적인 독립운동가의 기억이 사라진 오늘이다. 온기 없는 돌멩이 너머로, 시간 저편의 삶과 만나는 순간이다.

오늘을 바삐 사는 우리에게는 관심 없는 하나의 돌로만 생각할 뿐 아예 읽어볼 생각조차 하지 않은듯하다. 그때 이곳에 살았던, 이 땅을 밟고 지났을 사람들의 삶을 생각해 본다. 세월이 바뀌어서인가. 또 한 번 물음표를 달 수 밖에…….

여행을 하다 보면 예기치 않은 즐거움을 만난다. 인사동 골목에서다. 이곳저곳 살피다가 시선이 멈춘다. 골목길 안쪽에 숨소리마저 조용한 자리에 세월의 땟국이 잔뜩 묻어있는 "귀천" 아름다운 이 세상이라는 간판이 걸려있다. 혹여나 천상병 시인의 옛 찻집이 떠올라 유심히 살펴본다.

출입문 옆에는 카페 서울, 미래 유산이라는 동판이 눈길을 끌고 아래에는 "행복"이라는 천상병의 시가 있다. 언제나 읽어도 소박한 시, 천진난만한 천상병 시인의 모습도 그려져 있다. 발품 덕분인가, 예기치 못한 곳에서 천상병 시인의 옛 찻집을 만났다. 창틀 너머로 비치는 실내에는 연로한 분들이 무슨 이야기를 하고 있는지, 얼굴에는 함박웃음이 가득하다. 하루 막걸리 용돈 2,000원에 미소 가득한 시인 천상병 시인을 시방 만나고 있는 듯하다.

이제 2박 3일간의 여정도 끝머리에 온 듯하다. 숙소를 나오며 방명록에 한 줄 남기었다. 시간이 멈추는 곳. 아보현이라고 쓰고 미리 준비해 간 수필집 "아내의 정원도" 남겼다. 서울역에서 기차를 기다리던 중 휴대전화가 울린다. 숙박 집 주인의 전화다. 수필집 잘 읽겠다는 음성이 들려온다.

# 석파정(石坡亭)을 찾아서

올해의 여름은 긴 꼬리를 늘어뜨려 선가, 가을이 제길 찾아오는 것을 잃은듯했다. 이상기후의 변화가 우리의 정신적 삶을 흐려 트려 놓았다. 오늘이면 올까, 내일이면 찾아올지 하는 마음이 멀리 타향에서 자식 오기를 기다리는 어머니들의 마음과 같았던 가을을 기다리는 마음은 내 생각만이 아니었으리라는 생각이다. 가로수의 잎이 덧칠했는가? 가을의 색을 못 볼 줄 알았는데 빛 고운 노랑 은행잎만 제 멋 살리고 있지만, 바람에 뒹구는 넓적한 플라타너스의 잎이 가을의 끝자락임을 알리듯 하다. 가을이 오면 단풍색 고운 날 석파정(石坡亭)을 꼭 찾아보려고 오늘내일 한 주간의 기상예보를 살피며 좋은 날을 골라 가려다 어느덧 가을의 끝자락에서 서성이는 나를 본다. 석파정(石坡亭)은 서울 도심 한복판, 그 속에서 만나는 또 다른 서울이 있다. 고종이 머물고 흥선대원군 이하응이 별서로 선택한 공간이다. 흥선대원군은 거대하고 위엄 있는 바위들로 둘러싸인 풍경에 감탄하여 자신의 호를 석파(石坡)로 짓고, 이곳을 석파정(石坡亭)이라 부르며 애정을 드러냈다 한다. 흐르는 물과 흐드러진 단풍, 그 안에서 발견하는 숨겨진 비밀의 정원이다.

이른 아침 아내와 함께 석파정을 찾아 여행길에 오른다. 11시 10분에 서울역에 도착한다. 시간을 보니 점심때가 한참 남아있어 택시를 이용해 석파정에 도착했다. 주변을 살펴보니 식당이 없다. 관광지라면 당연히 있는 게 음식점인데 아무것도 없다. 우선 석파정을 구경하고 시내에서 점심을 먹기로 했다. 입구에 매표소가 있다. 1층은 서울미술관이고 4층으로 올라가면 출구가 있다. 석파정을 구경하려면 반드시 미술관을 지나야 석파정을 볼 수 있는 구조다.

불쑥 화가 날 수밖에 없다.

서울미술관에 관람객이 없어서 인가, 석파정 길목을 막아놓고 미술관을 통해 들어갈 수 있게 한 것이 장삿속으로 보이기 때문이다. 서울시에서는 어떤 마음으로 역사의 현장을 살피러 들어가는 입구를 막고 미술관 설치 허가를 했는지 그 속내를 알 수 없다. 할아버지, 할머니들은 석파정의 풍광을 보려고 멀리서, 가까이서 오시는데 이해하기 어려운 미술 작품을 억지 춘향 격으로 보이게 하려는 속내가 괘씸할 수밖에 없다. 담당 직원에게 쏘아붙인다. 역사의 조각과 흔적을 찾아보기 위해 멀리 대전에서 왔는데 왜 미술관을 통로로 하여 입장료를 내고 들어가야 하는지 궁금하다고 하니 미술관은 서울시에서 운영하는 게 아니고 사설 미술관이라 한다.

그러면 석파정(石坡亭)은? 근대 유적으로 서울시 유형문화유산 제26호로 지정한 곳인데 이것도 사유지인지 알 수가 없다. 내가 잘못 알고 있는지 싶어 안내 팸플릿을 꼼꼼히 읽어본다. 흥선대원군 사후 50년간 후손들에게 소유되었다가 한국전쟁 뒤에는 콜롬바 보육원과 병원으로 사용되었으며, 이후 민간에 의해 관리되었다 한다. 이후 서울미술관 개관과 함께 2012년 일반에 공개되었다고 설명하고 있다. 사유지로 변해버린 석파정이다.

가슴앓이하며 입장료를 내고 4층 출구를 나오니 석파정을 만난다. 또 다른 서울을 발견한다. 산속의 서울이다. 꽃 잔치를 하는 봄날, 청량한 여름날의 풍광, 붉은빛으로 색칠한 가을날, 계절의 변화를 느껴보는 모든 것이 담겨있는 곳이다. 탁 트인 전경은 한 폭의 그림 같다. 울긋불긋한 단풍에 눈이 부시다. 아직 가을은 가지를 않고 제자리 지키는 듯했다.

푸른 하늘 아래 산속은 너무나 평온했다. 저 멀리에 인왕산이 코앞에 있는 듯하고 조선 사회와 현대사회를 넘나들고 있다. 입구에 들어서면 좌측에는 소수운렴암각자가 있다. 석파정을 짓기 전부터 있었다는 바위다. 글귀는 변함없이 아름다웠던 이곳의 풍광을 시적으로 표현했다. - 물을 품고 구름이 발을 치는 집 - 이라고 했다. 이곳을 지나 계곡을 건너면 신라 삼 층 석탑이 있다.

전형적인 신라시대 석탑이다. 경주 불국사 및 부근을 관광한 분이시면 누구나 눈에 익은 삼 층 석탑으로 쉽게 알아 볼 수 있다. 무성한 나무숲으로 가리어 자칫 지나칠 뻔했다. 높지도 않고 수수한 모양이다. 경주의 개인 소유 경작지에서 수습해 2012년 현재 위치에 이전된 삼 층 석탑이다. 석탑을 보고 사랑채 쪽으로 가기 전에 계곡이 있고 계곡물이 잠시 쉬어가는 쉼터가 있다.

물속에는 단풍의 그림자가 황홀하다. 이곳을 그냥 지나칠 수 없다는 듯 아내는 물속에 손을 담근다. 그리고 한웅 큼 물을 담는다. 그리고 손을 편다. 떨어지는 물방울이 물 표면에 닿자 그림처럼 나이테를 그린다. 단풍색과 어울려 한편의 작품을 시연하는 것 같다. 소꿉장난하던 때가 그리웠는지 잠시 동심의 세계로 돌아간 것 같다.

이때다 싶어 얼른 카메라의 셔터를 누른다. 오래도록 간직해도 흠이 없는 고즈넉한 작품이 될 것으로 생각한다. 수십여 년을 카메라를 들고 사방을 돌아다녔던 내가 이런 장면을 놓치지 않을 거라는 것을 알아챈 아내가 싱긋 웃음 짓는다. 징검다리를 건너 우측으로 들어서면 사랑채가 고풍스럽게 자리 잡고 있고 뒤쪽에는 별채가 있다.

사랑채 옆쪽에는 사랑채 측면으로 그늘을 드리우고 있는 노송이다. 엄청나게 큰 노송은 천년을 살기를 바라는 마음에서 지어진 이름으로 천세송 이라 했다. 석파정과 함께 650년을 지내온 것으로 추정되며 서울시 지정 보호수 제60호로 지정되어 있다고 한다.

천세송 아랫길로 내려오면 자그마한 정자가 계곡 속에 숨어있다. 전통적인 조선의 정자와 달리 바닥을 화강암으로 마감하고 기둥과 지붕을 청나라풍으로 꾸며 놓은 누각이다. 하필이면 우리의 전통 정자를 짓지 않고 청나라풍으로 지었는지 그 속내를 알 수 없다. 대원군은 이 정자를 무척 좋아했다고 하며 석파정(石坡亭)으로 이름 지었다고 한다. 또 유수성중관풍루(流水聲中觀楓樓)라고 불리기도 하며, 흐르는 물소리 속에서 단풍을 바라보는 누각이라는 뜻이라고 친절한 안내판이 알려준다.

정자를 나와 좌측으로 돌아가면 너럭바위가 있다. 석파정의 가장 높은 곳에 있는 너럭바위는 크기를 가늠할 수 없는 거대한 인왕산 끝자락이 가진 웅장함을 보여주고 있다. 인증 사진 찍기에 딱 좋은 곳이다. 관광객들이 우르르 모여 기념 촬영을 하기에 분주하다. 마지막 코스로 인증사진을 남기는 곳이다. 너럭바위

위에는 좌우로 단풍이 붉게 물들어 석파정의 아름다움을 모두 품고 있는듯했다. 석파정 관람을 끝내고 내려오는 길에 미술관에 들린다. 자연스러운 코스다.

 나가는 길은 오직 미술관이기 때문이다. 오늘 감상할 작품은 서울미술관 소장품전이다. 〈나는 잘 지내고 있습니다〉라고 안내하고 있다. 한 바퀴를 둘러본다. 대전시립미술관과 이응노 미술관에서 만나본 작품들이 대다수다. 이중섭, 김환기, 유영국, 신사임당, 천경자에 이르기까지 한국 미술사를 대표하는 대가들의 걸작을 감상하고 나니 시장기를 느낀다.

 점심도 거르고 산속을 헤집고 다녔으니 아내에게 미안하기도 했다. 석파정을 뒤로하고 시내로 내려와 늦은 점심을 때운다. 조금은 허기를 느꼈으나 그래도 산속의 아늑한 별장을 만나본 보람도 느끼고 단풍색을 가슴에 담은 즐거운 시간이었다. 집으로 갈 시간이 바쁘다. 오던 길, 대전행 열차에 몸을 맡겼다. 차창밖에는 어느덧 황혼이 깃들고 저 멀리 불빛이 간간이 반짝이는 이름 모르는 마을을 열차는 스치고 있었다.

# 설날을 맞으며

오늘은 우리 고유의 명절 설날을 맞이한다. 섣달 그믐날 잠을 자면 눈썹이 하얗게 센다고 하여 밤을 지새우던 소박한 정서를 지닌 우리의 세시풍속이었다. 새해 아침 조상님께 차례를 지내고 웃어른들께 새배를 올리고 나면 윷놀이, 연날리기, 널뛰기 등의 민속놀이 즐기며 설날을 맞이했다. 설날 이른 아침에는 복조리를 사서 벽에 걸어두고 복이 오기를 소망했다. 밤새도록 골목길을 돌아다니며 복조리 사령하는 소리가 어제같이 들린다. 복조리를 사서 집안에 걸어두면 복이 들어온다는 믿음의 민속 신앙이다.

요새는 이러한 풍속들을 볼 수 없는 세상이다. 닭장 같은 도시의 회색빛 아파트에 복조리 장사가 나타나 복조리 사라고 외치면 당장 시끄럽다는 민원이 경비실에 전화벨이 울릴 것이고 복조리 장사는 경비원에 의해 당장 쫓겨 날 것은 보지 않아도 뻔한 일이다. 현대라는 사회가 아름다운 우리의 세시 풍속을 사라지게 하는 원흉일지도 모를 일이다.

따끈하고 쫄깃쫄깃한 새해 아침 음식인 떡국을 앞에 한다. 식구라야 세 사람뿐이다. 나와 아내 그리고 딸이 전부다. 아들 녀석은 해외에서 살고 있고 친인척이 없는 단출한 집안이다. 아침을 먹고 난 후 설날합동차례 미사를 보러 성당을 찾는다. 많은 신자들이 조상의 영원한 평안을 기도 하려 성당 안이 가득하다.

미사를 마치고 아내와 함께 인접해 있는 수목원에 들른다. 봄의 숨결이 귀에 들리는 듯한 수목원을 걷는다. 설날이면 산을 찾아 등산을 하는 게 보편적인 생각인데 이제는 무릎이 손사래를 치는 형편이기에 아내와 함께 두런두런 살아온 이야기 나누며 가볍게 산책하는 수준이다. 나이 한 살 더 먹었다는 이유일까. 내일 모래면 입춘(立春)이다.

저만큼에 있는 수양버들 가지가 노란색을 띠운다. 반가운 마음으로 늘어진 수양버들 가지를 쓰다듬어본다. 제법 촉촉한 느낌이고 조금만 지나면 연초록 수양버들을 만날 것 같다. 또 매화를 만난다. 금방이라도 터질 듯 한 분홍빛 몽아리가 봉긋이 웃음을 띠운다. 숲속에서는 봄을 재촉하고 있다. 이곳 수목원에는 각종 식물이 서식하고 여러 종류의 새를 볼 수 있다. 오늘은 귀한 방울새를 만나고 습지에서는 외가리도 만났다. 이곳저곳 살피며 새싹이 돋는지 살펴보는 재미도 제법 쏠쏠하다. 겨우내 움츠렸던 가슴을 봄이 오면 활짝 펴보려는 이른 생각이 아닐까 싶다. 산책을 마치고 돌아오는 길, 천변에서는 오리 녀석들이 어미를 선두로 새끼들이 줄지어 헤엄치고 어미를 따라간다. 평화로운 모습이다. 어떤 녀석은 주둥이를 물속에 처박고 궁둥이만 하늘을 향해 살랑거린다. 먹이 깜을 열심히 찾는다. 고니 녀석은 길다란 목을 들고 물속을 노려본다. 언젠가는 물고기 한 마리 덥석 챙기겠다는 인내의 모습이 애잔하게 느낀다.

성급한 우리의 빨리빨리의 생활 문화와 비교하면 여유 있는 고니 녀석의 모습에서 기다림의 미를 생각해 본다. 수목원 밖을 나오니 또 다른 세상을 만난듯하다. 앞을 가리는 회색빛 아파트가 시야를 가리고 자동차의 질주하는 굉음소리와 탁한 공기가 짜증스럽다. 오후에는 건국의 전쟁을 감상하려 한다. 80여 년의 기나긴 이데올로기 속에서 살아온 나에게 어떤 감동으로 다가올지 궁금할 수밖에 없다.

말도 많은 우리의 역사관, 어떤 게 진실인지 알 수 없는 속에서 속이고 속아 살아온 민초들은 일부 국가관도 없는 정치인들의 노리갯 감이 되지는 않았는가 하는 생각이 꼬리를 문다. 비록 다큐멘터리 영화이지만, 지난 역사 속에서 혹여나 갈 길을 잃었던 역사를 찾아보는 것도 좋을 것 같아서다.

  고도로 발달한 과학기술 문명이 인간적인 모습, 자연적인 것을 우리 곁에서 점점 멀어져 가게 하는 현실에 속앓이해 보았자 무슨 소용이 있겠는가만, 새해에는 늪처럼 발목을 끌어내리는 일상의 틀에서 벗어나 새로워져야 하겠다는 마음이다. 집시의 삶처럼, 어디에도 메이지 않은 삶을 추구해야겠다는 생각을 해보며, 우리의 전통문화가 살아 숨 쉬고 있는 설날을 맞이하여 올해도 좋은 일만 가득한 한 해를 활짝 열어볼 생각이다.

- 2024. 정월 초하루에 -

# 내 마음 둘 곳은

# III

## 아침 편지

# 소한(小寒) 날의 이야기

아침에 일어나 창밖을 보니 하얀 눈이 내린다. 새해 들어 첫눈을 보니 왠지 마음이 들뜬다. 어린아이처럼. 아직도 마음은 감성적이고 동심 속에 살고 있는듯한 나를 발견한다. 함박눈이 내리지 않고 보슬비처럼 보슬보슬 내린다. 아마도 수북이 내리기는 어려울 것 같다. 내 예측이 맞았다. 얼마 가지를 않아 그친다. 좋다가 말았다. 아쉬운 마음이지만 자연의 질서를 내가 어찌 나무랄 수 있겠는가. 아무튼 새해에 만난 귀한 첫 손님이다. 오늘은 24 절기 중 가운데 스물세 번째 절기로 작은 추위라는 뜻의 소한(小寒)이다. 소한(小寒)은 양력 1월 15일 무렵이며, 대한(大寒)의 시기일 때 가장 추울 것 같지만, 소한(小寒)의 시기 일 때가 1년 중 가장 춥다고 한다. 옛날에는 눈이 많이 내릴 때를 대비해 산골에서는 문밖출입이 어려워 땔감과 먹거리를 집안에 가득히 저장해 두었다.

긴 겨울을 나기 위해 농촌에서는 지난해 갈무리해 놓은 것을 꺼내어 한겨울을 거뜬히 지낸다. 필자가 군복무 한 곳은 강원도 양구에서 북쪽을 올라가면 동면이 있고 조금 더 올라가면 민간인 통제 구역이 있다. 이곳에서 겨울을 두 번 보내었다. 11월 초입이 되면 월동 준비를 한다. 눈이 많이 올 때는 막사 지붕까지 눈이 쌓이므로 기다란 장대에 새끼줄을 여러 번 동여매어 막사 안에 보관한다. 지붕까지 눈이 덮이면 산소 부족으로 질식하니 천장을 뚫어 공기가 통하도록 하는 장비다.

아침에 일어나면 눈 치우기 작전이다 하루 종일 눈과 씨름을 하다 보면 하루가 지겨운 겨울 생활이었다. 소한(小寒)과 대한(大寒)이 지나면 얼어 죽을 내 자식 없다는 이야기를 어릴 때 많이 들어본 일도 있지만, 소한(小寒)이 대한(大寒) 보다 춥다는 속담도 있다. 대한(大寒)이 소한(小寒) 집에 놀러 갔다가 얼어 죽었다는 라는 속담을 보면, 기후의 특성을 나타내고 있다. 필자는 이맘때가 되면 어린 시절 따스한 구들방에서 새끼줄 꼬던 생각이 슬며시 떠오른다. 벼를 수확하고 나면 짚단을 수북이 모아둔다.

대부분 소먹이로 사용되지만, 요긴하게 쓸거리다. 물질문화가 발달하지 못한 옛날에는 짚단과 새끼줄은 생활용품의 하나였다. 그러기에 농촌에서는 겨울이 되면 집에서 새끼 꼬는 게 겨울밤의 일거리였고 볏짚 비비는 소리가 담장을 넘었다. 볏단을 수북이 방안에 들어놓고 저녁이 되면 할아버지와 등불 아래서 새끼줄을 꼬았다. 요새는 새끼줄이 보이지 않는다. 흔히 쓰는 게 비닐 끈이고 여러 가지 물품들이 생산되어 새끼줄이 필요하지 않기 때문이다. 새끼줄 구경하려면 공방에서나 볼 수 있다.

 새끼는 그때 시절에는 요긴하게 사용했었다. 초가지붕 이영을 다시 바꿀 때 사용하였고 모든 짐 뭉치를 포장할 때도 꼭 필요한 물품이 새끼 줄이었고 효자 노릇을 했다. 놀이 기구가 없었을 때 어린이들의 놀이에도 사용했다. 운동회 때나 집 앞에서도 줄넘기 용도로 많이 사용했고 멍석도 만들어 사용했다. 요새는 추수를 하고 나면 짚단을 자동기로 둘둘 말아 비닐로 포장하고 사료로 사용하고 있기에 볏짚을 볼 수 없다. 대부분 소먹이로 사용되지만, 물질문화가 발달하지 못한 옛날에는 짚단과 새끼 줄은 생활용품의 하나였다. 처음 새끼줄 꼬기를 할 때는 꽤 어렵다.

 볏짚단에 물을 촉촉하게 뿌려 한숨 죽인 후 서너 가지를 뽑아 X자로 한 뒤 손바닥에 넣고 양손을 비빈다. 마른 부분이 있으면 손바닥에 침을 뱉어가며 늦은 밤까지 꼬아본 추억이 있다. 요새 아이들은 새끼가 무엇인지 모른다. 언젠가 서울 초등학생에게 쌀이 어디에서 나는지 물으니 쌀 나무에서 난다는 유명한 일화도 있었다. 새끼줄을 모르니 쌀이 어데서 나는지 모르는 것은 당연한 이야기다. 지금은 새끼줄 사용 빈도가 현저히 줄어든 탓에 새끼라는 용어가 사라진 지 오래다.

전해오는 민담 중에는 이런 이야기가 있다. 머슴 계약이 끝나는 날 새끼줄을 꼬라고 주인이 말하니 평소에도 게으름 피우던 머슴은 계약이 끝나는 날이라고 해서 더 일할 맛이 안 나서 대충대충 하는 둥 마는 둥 꼬았는데 주인집 어른이 자기가 꼰 새끼줄만큼 엽전을 꿰서 가라고 하는 바람에 독박을 썼다는 이야기가 유명하다. 사람은 맡은 일에는 최선을 다해야 한다는 교육적 이야기가 아닌가 싶다. 오늘은 일요일이라 성당을 다녀왔다. 오늘 신부님의 강론(개신교회에서는 설교라 함)은 무척 마음에 닿았다. 미사가 끝나면 언제나 출입구에서 신자들에게 밝은 모습으로 악수를 청하며 배웅을 한다. 그 모습을 볼 때마다 성직자로서의 인자함이 두드려지게 보인다.

악수를 청하는 신부님께 한마디 하지 아니하고는 지나칠 순 없다. 오늘 신부님 강론이 너무 좋았다고 하며 내 가슴에 담아간다는 인사말을 곁들었다. 혼란스러운 오늘의 사회에 찌들어 스트레스를 머리에 이고 한 주일을 살았는데 머리가 말끔한 것 같다. 집으로 가는 길 발걸음이 가볍다. 절기(節氣)는 항상 이야기가 있고 또 이야기를 만드는 날인가 싶다. 소한(小寒) 날이 잠시 추억의 시간으로 끌어드렸기 때문이다. 할아버지와 호롱불 아래서 매서운 소한(小寒)의 차가운 바람이 문풍지를 울리던 밤, 새끼꼬던 시절의 이야기를 소한(小寒)의 절기(節氣)가 옛이야기를 찾았다.

# 어떤 날의 일기

## Ⅰ 눈 내리는 날

창밖에는 밤새 하얀 눈이 소복이 내렸다. 사진을 하는 나로서는 이때다 싶어 얼른 장비를 챙겨 이웃에 있는 정부 청사 공원을 찾는다. 멀리 갈 필요가 없다. 내가 생각하고 있는 소재가 있는 곳이기 때문이다. 아직도 잔뜩 흐린 날씨 덕분으로 촬영하기에 딱 좋은 시간이다.

덕분에 오늘 오랜만에 눈 내리는 날에 돌의 미학을 만나본다. 널따란 공원에서 좋은 피사체를 만나보는 것은 별로 없지만, 작가의 눈으로 미를 찾아야 한다. 보이는 건 띄엄띄엄 자리 차지하고 있는 돌 뿐이다. 그래도 만족하다. 나의 소재가 있기 때문이다. 사진은 텍스트이다. 풍경 사진이든 다큐멘터리 사진이든 사물을 어떻게 표현하느냐가 중요하다. 보이는 만큼 빚어내어 대중에게 알리는 게 사진가의 사명이다. 분명한 메시지가 있어야 하며 울림이 있어야 사진다운 사진이다. 카메라가 사물을 찍는 게 아니고 사진가의 눈과 마음으로 빚어내어야 한다. 저 돌은 지금 우리에게 어떤 메시를 던지는 걸까. 또 작가는 무얼 제시하려는 것일까. 돌의 속내를 들여다보는 시간이다.


## Ⅱ 근대 문화유산 소제동을 찾아서

기쁨이 있고 슬픔이 있는 우리의 삶은 긴 여정이다. 내가 찾은 소제동은 대전시에서 근대문화 유산으로 지정된 곳이다. 숨겨진 아픔이 있는 긴 여정 중의 한 부분을 우리에게 알려주고 있는 소제동이다. 양지바른 처마 밑에서 말없이 자리 차지하고 있는 노쇠한 의자 녀석은 오늘도 오가는 행인의 모습을 관망하며 무엇을 이야기하려는 느낌이다.

한때는 주인의 사랑을 받던 몸이었지만, 세월의 굴레를 벗어나지 못한 탓인가 이제는 쓸모없이 버려진 신세다. 시선이 갈 수밖에 없다. 비바람 맞으며 오늘도 하염없이 제자리 지키고 있는 녀석은 소제동의 속내를 한 몸에 담고 있는 터줏대감이다. 지나치려는 나의 발목을 잡는다. 못다 한 이야기를 내게 하려는 것 같다. 다소 누추하지만 잠시 궁둥이를 붙여 달라고 한다. 쓰러질 듯한 담장, 붕괴위험이란 문구가 붉은색으로 여기저기 쓰여 있다. 근대 문화유산으로 지정되기는 했지만, 변한 곳이 없다. 몇몇 되지 않은 문인들과 카페가 입주를 했으나 폐가 동네와 별반 다름이 없다. 개발이냐 보존이냐 이해관계가 맞물린 현재의 소제동은 보는 이를 안타깝게 한다. 일제강점기의 생활상, 겹겹이 쌓인 지난 역사를 한 꺼풀 한 꺼풀 벗겨보고 그 속살을 찾아볼까 하고 서성이는 하루였다.


### Ⅲ 군상(群像)을 감상하며

일요일 오후 아내와 함께 집을 나선다. 운동 겸 산책이다. 내가 사는 집에서 20여 분만 가면 수목원이 있고 이응노 미술관이 있다. 수목원을 한 바퀴 돌고 돌아오던 길에 고암(顧庵) 이응노 미술관에 들렀다. 가랑비가 내리는 날인데도 많은 관람객이 있었다. 이응노 탄생 120주년 특별전 "동쪽에서 부는 바람 서쪽에서 부는 바람"이다.

1980년대 이응노 화백의 그림 속에는 인간이 무리를 지어 움직이는 모습이 등장했다. 하늘을 향해 두 손을 뻗친 사람, 온몸을 한껏 열어 젖힌 사람, 높이 뛰어오르는 사람, 그리고 손을 잡고 달려가는 사람 등이 나타났다. 모였다가 흩어지기를 반복하는 이들 무리는 마치 파도와 같은 리듬으로 요동치며 사방으로 뻗어 나갔다. 군상(群像) 시리즈는 이응노 화백의 마지막 변모이자 백조의 노래처럼 모든 것을 쏟아부은 작품이란다. 흥미로운 점은 이 작품을 본 사람들이 저마다 속한 역사적, 사회적, 상황에 따라 여러 가지 장면을 떠올린다는 점이다. 한국 사람들은 민주화운동을 떠올리지만, 유럽 사람들은 반핵운동이나 반전(反戰)시위를 그린 것으로 이해한다. 어느 쪽이든 이응노 화백의 군상(群像)에는 노래가 담겨있고 보는 이들에게 웅장함을 선사하고 있다. 좋은 사람과 함께 시간 내 한번 들러보면, 오늘의 잡다한 생각 잠시 멀리하는 나만의 소중한 시간이 될 거라는 생각이다.

## 수련 꽃이 입술을 열었다

　　　　　　　　　　　　　　　　눈을 뜨자 아침 스트레칭을 한다. 습관화된 운동이다. 다음은 걷기 운동이다. 아파트 주변을 황톳길로 조성해 준 덕분으로 아침저녁 황톳길을 걸어보는 일이다. 아파트를 나가기 전 주민 누구도 관심 없이 지나치는 아파트 앞 화단을 아내가 정성 들어 만들어 놓은 화단에 들린다. 습관처럼 매일 아침저녁 화단을 살피는 아내를 따라가다가 눈이 번쩍 뜨인다. 애지중지 살펴온 수련 꽃이 입술을 열었다. 다른 꽃에도 신경을 쓰지만, 수련꽃만큼은 내가 살핀다.

　쿠팡을 통해 직접 구매한 꽃이라 애지중지할 수밖에 없다. 어디에서 온 꽃인지 모를 일이지만 아마 멀리서 시집온 것 같다.

올해 들어 세 번째 만나보는 수련 꽃이다. 한 송이씩 얼굴을 내밀다가 얼마 가지 않아 고개를 떨구어 다시는 못 볼 줄 생각했는데 오늘 아침에 붉은 입술을 열었다. 9월까지 피는 수련 꽃이라 욕심을 부려보았는데 소원을 들어주었다. 입이 함지박이다.

　수생식물 중에서 가장 아름다운 꽃이기에 관심을 가질 수밖에 없는 일이다. 수련꽃은 담백, 결백, 신비, 꿈, 청정이며 하얀색은 당신은 순결합니다, 노란색은 당신은 애교가 없어요, 빨간색은 당신의 사랑을 알 수 없다는 꽃말을 가지고 있다. 오늘도 아내가 가꾸고 있는 화단에는 손질한 보람이 있어 각종 꽃이 환히 웃음을 터트리고 반긴다.

　황톳길을 40여 분 걷고 돌아와 화단 주변을 살펴본다. 붉은색 옷으로 치장한 배롱나무는 9월이 가는 마지막 달인 것을 아는지 애타게 큰 숨으로 붉은색을 내 품고 있다. 그래서 인가 붉은색 이파리가 떨어져 꽃길 옆에 흐드러지게 떨어져 있다. 오늘은 빗자루를 들었다. 수북이 떨어진 나뭇잎과 배롱나무 꽃잎을 쓸어볼까 해서다.

　내 어릴 때 아침에 일어나면 마당 쓰는 것이 나의 몫이다. 반들반들하게 쓸고 나면 먼지가 나지 않도록 물 한 바가지 가져와 뿌린다. 또 집 앞 골목길까지 덤으로 쓸어본 게 어제 같아 잠시 그때 옛 추억을 소환해 본다.

　내일 모래가 추석인데 무더위는 가시질 않고 가을은 멀고 멀기만 한 것 같다. 손에 잡힐 듯한 시기이지만 아직 허락하지 않는다. 올해는 유난히도 여름날 무더위가 기승을 부리고 지구촌에서는 이상 기후의 현상으로 몸살을 하고 있다. 이른 새벽부터 시끄럽게 날갯짓하던 매미 녀석의 소리가 그친 지 오래고 보니 계절이 곧 바뀌고 있는 듯하다. 지구는 멈추지 않고 계속 돌고 있기 때문이다. 아침을 먹고 난 뒤 아내가 내어준 달콤한 커피 한잔하며 휴대폰을 열고 유튜브를 뒤척거려 본다. 일상이 되어 버린 일이다. 요즘은 TV를 거의 보지 않고 유튜브를 즐긴다. 쓰잘머리 없는 정치 쪽은 그냥 비켜가고 음악을 듣는다. 때맞추어 정지용 시인의 대표작 향수가 눈에 잡힌다. 지나갈 리 없다. 수원시립합창단의 정제된 화음이 흘러온다.

"넓은 벌 동쪽 끝으로 옛이야기 지줄대는 실개천이 휘돌아 나가고 얼룩 베기 황소가……" 언제 들어도 싫지 않은 향수를 느껴본다. 고향 생각이 자연히 그려지는 게 인간의 본능이다. 고향 하면 괜히 마음이 울컥하는 감정이었는데 이제는 고향이 그때의 모습은 보이지 않을 것 같다. 세월 앞에서도 고향의 냄새는 사라지지 않지만, 현대라는 시대의 흐름에 따라 하루가 다르게 변하는 세상이기 때문에 혹여나 고향의 냄새가 사라질까 해서다.

오늘은 무엇을 할 것인가. 주변 공원에서 시집을 읽겠다고 생각했지만, 날씨가 30도를 오르내리는 9월의 무더위에 묻혀버릴까 싶어서 가지를 못할 것 같다. 카메라를 들고 화단으로 내려간다. 수련이 입술을 얼마나 열었는가 싶어 내려가 보니 생각대로 수련 꽃이 활짝 웃음이다. 찰칵하는 셔터 소리가 긴 여운을 남긴다.

# 시간 저편의
## 　　안동별궁 터를 만났다

　　　　　　　　　　　　　　　　서울 역사 여행도 어느
덧 오늘이 마지막 날이다. 어제는 서소문 네거리 역사박물관에
서 조선사회의 가슴 아픈 역사의 단면을 보았고, 오늘은 대전 집
으로 가는 날이다. 호텔은 오전 10시에 퇴실을 해야 하기에 지하
식당에서 아침을 챙긴다. 대전행 열차 시간이 늦은 오후라 보니
남은 시간을 알뜰하게 챙겨야 한다. 경복궁 월대를 새롭게 복원
하였다는 것을 알고 있었기에 경복궁으로 향했다. 아침 시간인
데도 외국인 관광객이 우르르 몰려다닌다.
　인종 전시장이나 다름없다. 얼굴 모습도 다르고 언어도 가지
각색이다. 그러나 저러나 먼 나라에서 한국의 고궁을 찾아온 외

국인들에게 감사하여야 할 일이 아닌가 싶다. 뉴스에서 경복궁 월대가 새롭게 복원되었다는 기사를 본 후 새로 복원된 월대를 언제쯤 한번 가보려고 생각했는데 이번에도 딸애의 덕분으로 서울 여행을 하기에 경복궁 월대를 만나볼 수 있었다. 새로 복원된 월대가 조선의 건축문화를 대변하는 듯, 근엄한 조선의 왕궁다운 느낌으로 다가왔다. 기왕 왔으니 경복궁 안으로 들어가 이곳 저곳을 살핀다. 올 때마다 새로운 조선사회 속으로 스며든다. 옛 조선의 예술품을 만나보기 때문이다.

경복궁 관람을 끝내고 후문 건너편에 있는 국립현대미술관에 들른다. 아내가 다리가 아프다며 쉬어가자고 한다. 잠시 의자에 앉아 본다. 이곳 미술관도 아내와 함께 여러 번 들른 곳이기에 불편함이 없다. 한 바퀴 돌아보려면 제법 긴 시간이 걸린다. 이해하지 못할 설치작품과 추상화 등 작품을 알 듯 말듯이 보면서 미술관을 나온다. 이제부터는 서울역으로 갈 차례다.

아직도 시간이 넉넉해 안국 지하철역까지 걸어서 가자고 아내가 제안한다. 제법 먼 거리지만, 느긋하게 이곳저곳 살펴보며 서울 구경하는 것도 좋을 것 같다. 광화문을 지나 서울 시청과 숭례문을 멀리서 만난다. 몇 해 전 어느 정신없는 늙은이가 개인적인 화풀이를 죄 없는 숭례문에 불을 질러 화풀이했다. 붉게 소각되는 모습을 TV를 통해 보고 울분을 참지 못한 기억이 설핏 스친다. 새로 복원된 모습이 그래도 반갑게 우리들을 맞이하고 있었다.

반가운 얼굴이다. 한참을 가다가 안국네거리 옛 풍문여고 우측 안국빌딩 하단에 옆에서 〈안동별궁 터〉 표석을 만났다. 자칫했으면 지나칠 뻔한 소중한 표지석이다. 어슬렁거리며 이곳저곳 살핀 덕분이다. 오늘도 바삐 하루의 삶을 사는 우리, 누구나 관심 없이 지나치는 표석이 세월의 야속함을 알려준다.

시간 저 편의 삶과 만나는 순간이다. 표석을 촬영하기가 마땅하지 않다. 주변은 건물이고 염치없는 차량이 인도에 개구리 주차를 하고 있기 때문이다. 대충 촬영할 수밖에 없다. 표석의 문안은 "조선시대 초부터 왕실의 거처였다가 마지막 황제 순종의 가례 처로 사용한 궁터"라고 쓰여 있다. 종로 표석 이야기에 의하면, 이 별궁의 소재가 안국방(安國坊)의 소안동(小安洞)이었으므로 안동별궁(安洞別宮)이라 불리게 되었다 한다.

이 자리는 역대 왕실의 자택이었던 곳으로, 세종대왕이 이곳에서 붕어 하여 빈전으로 사용되었고 문종은 이곳에서 즉위식을 가졌던 역사적인 장소라고 한다. 국권피탈 후 총독부 재산으로 되었다가 친일파 민영휘가 불하받아 조선 최대 갑부가 되었다. 나아가 자기 이름 끝 자 "휘"자를 따서 경성휘문소학교를, 그리고 그의 부인 안유풍 역시 이름 끝자 "풍"자를 따서 풍문여자고등학교를 설립했다는 이야기다.

길고도 긴 질곡 한 삶이 있는 "안동별궁 터"를 잠시 살펴보는 시간이었다. 몇 줄로 쓰인 하찮은 돌멩이 표석에 불과하지만, 갖가지 애증을 품고 있는 곳이다. 그때 이 부근에 살았던, 이 땅을 밟고 지났을 사람들의 삶을 생각해 본다. 표석은 지금도 무언가 우리에게 말해 주고자 하는 표정으로 망설이고 있다.

  무엇을 이야기하려는지?

# 아침 편지

아침에 일어나 보니 창 너머로 하얀 눈이 사방을 곱게 물들였다. 오늘이 크리스마스이브인데 몇 년 만에 만나보는 백색의 선물이다. 문득 동심의 세계를 만난다. 얼른 밖으로 나와 보니 차들은 엉금엉금 거북이걸음으로 조심스레 가고 있고, 길 가는 사람들은 까치걸음이다. 그러나 신바람 난 꼬맹이들은 눈사람 만들고 엉덩방아를 찧는다. 그래도 좋은 모양이다. 얼굴에는 웃음꽃이 활짝이고 입 모양은 보름달이다.

때마침 까 꿍하며 카톡이 울린다. 왼 이른 아침에 카톡이 울리는지 얼른 열어본다. 멀리 남쪽 부산에서 아래위층에 살던 연세가 드신 서예가 분이 동심을 만나고 있는지 동영상으로 아름답게 꾸며진 크리스마스트리 그림과 캐럴송을 보내왔다. 반가운 아침의 편지다. 연말연시는 사람의 마음을 너, 나 할 것 없이 들뜨게 하는 모양이다. 대쪽 같은 교장 선생님 출신이고 훌륭한 교육자 시다. 얼른 답장을 보낸다. 내가 먼저 아침 인사를 챙겨야 할 형편인데 죄송스러운 마음이다. 내게 아호를 명제(銘齋)로 지어주신 분이기에 깍듯이 예를 갖추어야 한다. 감사합니다.

이브 날 아침의 편지, 캐럴송 덕분에 잠시 동심의 세계를 여행하게 되었네요, 즐거운 화이트 크리스마스, 아기 예수 오심을 축하드립니다라고 했다. 부부가 독실한 불교 신자이지만 타 종교도 이해하는 분들이라 편한 마음으로 예를 다했다. 밤새 내리던 눈은 얼마 가지를 않아 그친다. 제법 소복하게 쌓여있지만, 불청객 해님이 훼방을 놓는다. 잔뜩 기대했던 화이트 크리스마스의 환상이 사라지는 순간이다.

비 오는 겨울날보다는 눈 내리는 날이 그나마 추억을 떠올리기가 좋은데 실망이 크지 않을 수 없다. 하기야 비 오는 날에도 검정 고무신 신고 질펀한 길 마다치 않고 막걸리 한잔하자고 찾아오던 소박한 옛 친구의 모습도 비 오는 날의 낭만이기도 하다. 무엇이든 억지생각을 하지 말고 자연의 순리대로 살아야겠다. 세상 이치가 자연에 있기 때문이 아닐까.

이맘때가 되면 일 년에 한 번씩 찾아오는 구세군의 딸랑이 소리가 거리 곳곳에서 울린다. 사랑을 베풀기 위한 모금을 하려 하지만 그리 만만치 않은 오늘의 현실이다. 한 해가 간다는 종소리, 애달픈 소리로 들릴 수 있을 터. 내일을 향한 새로운 마음가짐을 다져보는 사람들, 또 부질없는 한 해가 되어버린 일들 때문인가. 아쉬움으로 남아 가슴앓이하는 사람들, 인간사는 여러 가지다. 기쁨이 있고 즐거움이 있지만, 누구 한 사람 보살펴주지 않은 지하 쪽방에서 오늘을 살아가는 쓸쓸한 독거노인들의 하루, 길 잃은 노숙자들의 귀에는 어떤 소리로 들릴까. 아기 예수가 오는 날, 온 세상을 기쁜 소리로 들리게 할 태지만, 결코 기쁜 소식으로 들리지 않으려 애써 외면하는 사람도 많은 세상이다. 우리가 사는 이 땅의 현실이 아닌가 싶다.

  청년은 직장 구하기가 어렵고 상인들은 장사가 안된다고 죽는 시늉하는 하루이고, 질곡 한 세월을 살아온 탓인가 지친 삶의 모습이 아직도 남아있는 것인가. 꽉 닫힌 문틈으로 지난 삶을 엿볼 수 있으면 참 좋겠지만 세월이란 녀석이 마음을 닫았다. 모든 게 시간이 해결해 준다. 세월이 지나 되돌아보면 모두가 허망한 일인데, 제 갈 길을 잃고 있다는 생각이다. 말도 많은 한 해, 70여 년 동안 쓰잘머리 없는 이념과 사상의 다툼에서 한 치도 벗어나지 못하고 누더기를 잔뜩 입은 채 또 한 해가 뉘엿뉘엿 저물고 있다.

  오늘은 온 세상을 환하게 비추는 아기 예수님이 오는 날, 아침에 찾아온 반가운 편지가 나의 시린 마음 다잡고 얼음장 속 피라미 녀석이 봄날을 꿈꾸듯, 내일을 향해 길 따라 발길 따라가면 좋은 일만 가득할 것이라 일러주는 듯하다. 잠시 거실로 나가보니 햇살이 따스한 탓인가. 나팔꽃이 함박웃음이다.

## 얼굴은 내 마음의 거울

아침에 일어나 제일 먼저 대하는 게 거울이다. 머리를 감고 세수를 하려면 거울을 보고 면도도 하고 예쁘게 화장을 해야 하기 때문이다. 우리와는 떨어질래야 떨어질 수 없는 게 거울이 아닌가 싶다. 때로는 보고 또 보는 게 거울이다. 내 얼굴에 무엇이 묻지나 않았는가 하는 조바심일 수도 있다. 나의 얼굴에 흠이 없는지 재확인하려는 마음 때문이다. 어쩌다 한참 들여다보면 얼굴 모양이 조금 다르게 보일 수도 있다. 한쪽 눈이 작아지기도 한 것 같기도 하고 코도 약간 비뚤어지게 보이고 이상하게 느낄 때도 있다.

내 얼굴이 얼마나 예쁜지 자주 보게 되면 착시현상이 생기기 때문이 아닌가 싶다. 특히 사춘기 시기에는 더욱 이러한 현상이 자주 일어난다. 요새 젊은 여성들은 버스나 지하철 안에서도 휴대용 거울 울보며 주변 사람들 눈치 보질 않고 얼굴을 다독이고 있다.

 아름다움을 잃지 않으려는 마음에서다. 거울은 가장 정직하고 흐트러짐이 없는 나의 친구다. 사물을 보이는 데로 비추어 주기 때문이다. 거짓도 없고 가식도 없다. 내가 웃으면 거울 속에서는 누군가 웃고 있다.

 아주 옛날에는 거울을 알지 못해 황당한 일이 있었다. 울지도 웃지도 못할 이야기다. 어느 선비가 한양에 들렀다가 조그만 한 손거울을 샀다. 가슴속 깊이 숨기며 집에 돌아와 소장품보관함 속에 숨긴다. 세수하고 나면 아내 몰래 들여다보고 숨긴다. 다음날도 마찬가지다. 아내가 신랑이 하는 행동이 수상스러워 외출한 뒤 소장품보관함을 뒤진다. 반짝거리는 물건이 무엇인지 궁금해 들여다보니 어떤 예쁜 여인이 있다. 깜짝 놀란다.

 이 영감쟁이가 바람을 피워 첩을 두엇 구나 하며 야단법석을 떨었다는 소박한 우리들의 옛이야기도 있다. 요새 세상에는 이런 일이 없다는 게 다소는 서운하다. 모든 게 발달하면, 인간과 인간 사이에 보이지 않은 벽이 생기고 인심이 각박해지는 게 세상살이 구조다. 하루를 바쁘게 사는 경쟁사회에 돌입한 요새 세상은 인정이 박해지고 웃음소리가 담을 넘지 못하는 야박한 세상이기 때문이다.

  과학이 발달하지 못한 옛날 옛적의 순수한 우리의 마음과 웃음에 해학이 넘치던 생활 문화를 지금은 찾아볼 수 없다는 게 속상하다.

  우리가 살아가면서 가장 정직한 친구가 거울이다. 남자와 여자를 불문하고 사람이 가장 예쁠 때는 20대가 가장 아름답다고 한다. 자기 얼굴을 책임질 나이는 30대부터라 했다. 20대 나이는 무엇을 하지 않아도 얼굴이 티 없이 밝고 반짝거리는 나이다. 부모님의 얼굴을 따르기 때문이란다. 이때는 거울만 봐도 멋지고 예쁘게 보인다.

  그렇다고 연예인들처럼 예쁜 게 아니고 그저 그런대로 봐줄 만하다는 이야기다. 20대까지는 부모의 사랑을 받고 힘들지 않고 자유분방하게 생활을 하기에 얼굴이 맑고 일그러지지 않지만, 30대부터는 자립을 할 나이기 때문에 어려운 사회생활을 어떻게 하고 살아왔는지를 얼굴에서 읽어 볼 수 있기 때문이다. 40대의 얼굴이 본인의 얼굴이라고 하며 얼굴은 본인이 책임져야 한다고 한다. 다시 말하면 아무리 좋은 부모의 DNA를 타고났다 한들 살아온 과정에 따라 얼굴이 변형되어 진다는 게 정론이다.

  인간의 내면은 얼굴을 통해서 알 수 있다는 이야기다. 오래전에는 유교사상이 우리 사회의 중심이 되어 예(禮)를 존중하고 생활의 덕목으로 삼고 살았으나 어느 날 유교사상이 사라지고 현대화라는 문화가 우리 사회의 중심이 되었다. 세월의 흐름은 막을 수 없다. 그때그때의 환경에 순응하고 사는 게 인간의 숙명이 아닌가 싶다. 요새는 취업하려 면접장에 들어가면 얼굴을 먼저 살핀다고 한다. 우선 외모가 좋아야 좋은 점수를 받을 수 있고 합격할 수 있다니 얼굴 간판이 중요하기에 성형 수술을 한다.

덕분에 성형외과 의사들의 배가 불룩하고 취업준비생은 본의 아니게 예뻐지게 되니 손해 볼 세상은 아닌 것 같다. 인성과 업무수행능력은 둘째란다. 그러다 보니 우리는 본의 아니게 가짜 인생살이를 하고 있다. 진실과 인성의 내적인 아름다움이 제일인데 껍데기만 보는 현실이 안타깝다. 예(禮)는 내면의 정신문화이며 우리가 살아가는 데 있어서 보편적 가치를 추구하는 기본적인 규범이다.

양귀비 같은 예쁜 얼굴을 가졌다 해도 아름다움의 전부라고 할 수 없다. 인간은 내면이 아름다워야 한다. 내면이 아름다우면 거울 속의 얼굴은 자연히 예쁘게 보일 수밖에 없다. 자연스러운 일이다. 예(禮)를 모르고 살다 보면, 본래의 미(美)가 사라지고 향기 없는 꽃으로 보일 수밖에 없다. 넉넉한 마음씨가 내 삶의 얼굴이며 마음의 거울이다.

세월이 가면 자연스럽게 변하는 게 얼굴이다. 어느 날 아침에 일어나 세수하다 거울에 비치는 나의 모습에서 어느새 부쩍 주름진 나의 모습을 볼 수 있다. 자연히 지난 세월의 그림자를 돌아보는 게 우리다. 얼굴은 내 마음의 거울이다.

## 오늘은 무얼 할 것인가

― 외출

　한 주일 만의 외출이다. 달갑지 않은 불청객 코로나가 나에게 찾아왔다. 무증상 코로나다. 7일간의 격리 기간이 끝나 바깥출입을 한다. 얼마만의 외출인가. 나도 모르게 시선이 담장으로 간다. 순간 깜짝 놀랐다. 얼마나 반가웠으면 꽃을 보고 놀라다니. 그새 아파트 담장에 노란 개나리꽃이 줄줄이 피었기 때문이다.
　화단에는 수선화가 노란색 입을 봉긋이 열었고 튤립도 한 뼘만큼 올라왔다. 모든 생명체의 존엄함을 느껴보는 순간이다. 아내가 작년에 뿌려놓은 씨앗이 육중한 땅 무게를 이기며 머리를 치켜들려 한다. 누구도 거들떠보지 않은 화단을 아내가 몇 년째 가꾸고 있다. 나도 올해는 덤으로 화단을 열심히 가꾸어 볼 생각이다. 나도 모르게 놓친 일상에서 작은 행복을 여기에서 찾아볼 거라는 생각이다.

― 무얼 할 것인가

아침에 일어나면 습관처럼 아내가 가꾸고 있는 베란다에 눈길이 간다. 잘 가꾸어 놓은 꽃들과 눈 맞춤한다. 겨울의 추위가 있지만 햇살 좋은 남향이라 따스하다. 개발선인장이 붉은 미소를 지었고, 제라늄도 수줍은 듯 얼굴을 붉힌다. 오늘도 아내 덕분에 공짜로 눈맛을 즐기는 아침이다.

아침 식사를 마치고 아내가 끓여준 따끈한 커피 한잔하며 여유 있게 youtube에서 흘러오는 성악가 터너 박인구의 노래. 친구 이야기를 듣는다. 많지 않아도 그리고 자주 만날 수 없어도 나에게 친구가 있음은……. 음악 배경에는 닥종이 인형 표정이 소담스럽다.

천진난만한 여 아이들의 표정이 제각각이다. 해학이 담긴 익살스러운 닥종이 인형 표정에 정감이 간다. 각박한 세상살이 속에서 그나마 얼굴 한번 펼 수 있게 해주는 표정 때문이다. 나의 비밀 방을 스마트 폰으로 한 커트 했다. 소소한 이야기를 만들고 있는 혼란스러운 창작의 산실이다. 널브러진 책상 위의 모양은 다소는 게으른 흔적이고, 반대편은 그나마 정리된 모양새다. 오늘 하루 이곳에서 쓰잘머리 없는 글과 닥종이 인형 얼굴을 그리며 하루를 마감할 것이다. 의미 있는 하루가 될는지.

― 무엇을 또 쓸 것인가

두 번째 수필집 아내의 정원을 탈고하고 나니 또 무엇을 쓸 것인가를 고민하고 있던 중 달갑지 않은 불청객 무증상 두 번째 코로나를 맞이했다. 한 주일간 격리 신세가 되었다. 그래서 인가 멍 때리고 있는 시간 베란다로 들어오는 봄빛이 나를 위로하는가. 봄빛 고운 한나절이다.

집을 나서니 아침 날씨가 만만찮게 쌀쌀하다. 검은색 빵모자에 마스크, 다리 보조기까지 하고 절름거리면서 까치걸음이다. 골절된 다리가 아직 제자리를 찾지 못한 것 같다. 누가 보아도 장애인 행색이다. 하기야 오늘을 살고 있는 우리 모두가 정신 장애 속에 살고 있다.

그래도 좋다. 갈 곳이 있고 반겨줄 분이 있기에. 모처럼 성당을 다녀왔다. 성사도 보고 잠시 나를 잠시 들여다보는 시간이었다. 계절의 변화는 늘 마찬가지다. 어제같이 국화향이 그윽했었는데 잠시 숨 고르고 나니 눈 내리는 동장군을 만났다. 말도 많은 한해, 세월의 누더기를 입은 채 또 한해가 뉘엿뉘엿 저물어 가고 있다.

## 5월의 색

　　　　　　　　　　　　　　　　5월은 여왕의 계절이라고 누가 말하였는가? 오늘도 운동 삼아 집 가까이에 있는 공원에 들른다. 공원 입구에 들어서자 화려한 장미꽃이 가득하다. 줄기에 가시가 있어 성깔 있는 녀석으로 보이지만 아름다운 게 무슨 죄가 되겠는가. 양귀비꽃도 아름답지만, 장미꽃보다는 못한 것 같다. 산책길 옆에는 맹자가 꽃을 피운 지가 오래고 이팝나무 꽃도 피운 지가 어제다.

　길섶의 찔레꽃 향기가 가슴에 가득하고 연둣빛 5월의 아침을 숲속에서 만나고 있다. 나뭇잎 사이로 비집고 내려오는 5월의 연둣빛도 아름답다. 5월의 옅은 물색이 가슴에 가득히 채워진다. 5월은 계절의 여왕이라서 인가, 많은 행사가 연이어 있는 달이다. 5월은 우리들의 세상이라는 어린이날, 어버이날, 스승의 날도 있고 부처님 오시는 날도 있다.

어제가 부처님 오신 날이다. 평소에 자신을 돌아 볼 여유가 없던 삶을 살던 불자들은 이날만큼은 잠시 부처님께 공덕을 쌓고 잠시라도 세속의 시끄러움을 멀리해주는 날이 아니겠는가 싶다. 가족의 안녕을 간절히 소망하는 소박한 중생의 모습이 어른거린다. 대대로 이어온 한민족의 정서가 고스란히 녹아 나는 모습들이다. 온 누리에 부처님의 사랑이 넘치는 하루, 연둣빛 오월의 아름다움을 마음껏 가슴에 품어보는 날이다.

공원을 서너 바퀴 돌고 나니 갈증이나 얼른 집으로 돌아와 시원한 물을 한 모금 마신다. 목마름이 해소되니 생기가 살아나는 듯하다. 파라다이스가 따로 없다. 파라다이스라고 말하고 보니 문득 탈북 엄마의 눈물, 비욘드 유토피아가 생각이 난다. 지난 1월 22일 주간지 조선일보에 게재된 기사다. 북한 주민의 험난한 탈북 과정을 생생하게 다뤄 국제 영화상까지 받은 다큐멘터리 "비욘드 유토피아"가 미국 워싱턴 DC의 국무부 청사에서 상영되었고, 비욘드 유토피아를 낙원이라고 믿고 자란 땅을 탈출하려는 사람들의 목숨을 건 위험한 여정의 이야기다.

탈북 인권 다큐멘터리이며 중국, 베트남, 라오스, 태국을 거쳐 한국으로 탈출한 한 가족의 이야기와 북한에 있는 아들을 한국으로 데리고 오려는 어머니의 눈물겨운 사연을 담았다. "아들, 벌래 주워 먹어서라도 살아주길." 탈북 엄마의 절규가 담겨있는 화제의 영화, 분단 민족의 가슴 아림을 예술로 승화시킨 "비욘드 유토피아"다.

요즘은 딸애가 아버지 건강을 위해 휴대폰에 만보기 프로그램을 깔아주어 늘 살펴보고 있다. 오늘 아침은 4천5백 보를 걸었다. 하루 만 보를 걸어야 하는 데 오후에 남은 5천5백 보를 마저 걸어볼 참이다. 아내는 아파트 화단에 꽃을 가꾸어 온갖 꽃들이 얼굴을 내밀고 있다. 친절하게도 꽃 이름도 하나하나 적어서 표시해 주니 주민들도 알아볼 수 있어 좋아하는 건 당연한 일이다.

양귀비꽃도 피었고 해바라기도 피었다. 달맞이꽃이 사방에 흐드러지게 피었다. 이른 아침부터 잡초도 뽑고 화단을 손질하는 아내의 취미생활은 건강에도 좋을 듯하다. 지나치는 주민들은 고맙다고 찬사를 아끼지 않고, 옆집에 살고 있는 젊은 여성분은 딸기를 한 박스를 사와 전해주며 고맙다는 인사말을 남기기도 했다.

화려하지도 않고 소박한 화단이지만, 덕분에 모처럼 시방 다정한 이웃을 만나고 있다. 아름다움에 눈이 호강을 한다. 역시 5월의 색은 누구나 좋아하고 이곳에 다 모인 것 같다. 한참 꽃들을 보고 있으면 수줍은 5월의 색이 가슴에 가득 담기고 자연스레 계절의 여왕이라고 누가 말했는지 근원을 알아볼 생각이 문득 떠오른다. 시인 노천명 "푸른 오월"의 시 에서 혹여나 찾아볼 수 있는지 다시 한 번 만나보아야겠다.

— 푸른 오월 —

청자빛 하늘이/ 육모정 탑 위에 그린 듯이 곱고/ 연못 청포잎에/ 여인네 맵시 위에/ 감미로운 첫여름이 흐른다/ 라일락 숲에/ 내 젊음 꿈이 나비처럼 앉는 정오/ 계절의 여왕 오월의 푸른 여신 앞에/ 내가 웬 일로 무색하고 외롭구나. (이하생략)

노천명은 "푸른 오월"의 시에서 계절의 여왕 오월의 여신 앞에라 했다. 이래서 늘 회자하는 오월은 계절의 여왕이라고 다들 이해하고 있는가 싶다.

# 6월이 오면

여왕의 계절 5월이 지난다 싶었는데, 그새 싱그러운 6월의 초록색이 가슴에 가득한 아침이다. 창밖에는 다투기라도 하는 듯 플라타너스의 이파리가 널따랗게 쑥쑥 자라는 걸 보면 붙잡아 보려 해도 잡히지 않는 계절의 흐름을 실감하고 있다. 오늘은 현충일이다. 거리를 질주하는 차들의 소음 사이로 순국선열을 애도하는 추모의 사이렌 소리가 창문 틈으로 애잔하게 들려온다.

그 옛날 같으면 추모의 사이렌 소리가 들리면 달려가던 차들이 일시 정차를 하고 지나가던 행인들도 잠시 묵례를 올리는 모습이었지만, 지금은 호랑이 담배 피우던 옛이야기로 남아있다.

고도로 진화된 민주화의 물결 때문인가, 세월 이란 게 많은 것을 변화시킨다. 지난 시절을 이야기하면 독재 시절의 향수를 아직도 못 잊는 구시대의 노인네로 취급하는 세상이니 다소는 안타까운 마음이다.

격동의 시대를 살아보지 않은 세대들은 그럴 수도 있겠다는 생각으로 이해를 한다. 6월은 나의 기억에서 지우고 싶은 아픔의 달이다. 70여 년 전 초등학교 1학년 꼬맹이가 괴나리봇짐 하나 걸치고 타박타박 피난 가던 모습이 아직도 뇌리에서 지워지지 않기 때문이다.

당시에는 우리 가족들은 잠시라도 지체할 수 없는 신분이었다. 할아버지께서는 동 회장(현재 주민센터장)이고 아버지께서는 교도소 교도관이고 보니 그들이 볼 때는 악질 반동분자가 아닌가. 잡히는 날이면 살아남기 어려운 것은 뻔한 일이기에 곧장 부산으로 피난길에 올랐다. 아버지께서는 죄수들을 대구 교도소로 이감시키고 애국심에 불탄 마음에 곧장 군에 입대하여 전쟁터로 떠나셨다. 3년이라는 전쟁이 끝나도 그토록 기다리던 부친께서는 우리 곁에 나타나지 않고 전사 통보서도 없었다. 마지막으로 기대하는 건 전쟁포로 교환이다. 1차, 2차, 포로 교환 명단에 없던 아버지의 명단이 3차 교환자 명단에서 확인이 되었다. 어린 마음에도 눈물이 났으니 겪어보지 아니한 사람들은 모르는 감정이다. 포로 교환 보도가 있고 얼마를 지났다. 6월의 장

맛비가 장대같이 쏟아지는 밤이다. 판잣집 양철지붕에 떨어지는 빗소리에 바깥의 인기척 소리가 잘 들리지 않았지만, 어렴풋이 손주의 이름을 부르는 소리에 할머니께서 문을 박차고 나가셨다.

오늘이면 올까, 내일이면 올까, 그토록 기다리던 아들이 돌아온 것을 직감으로 느끼신 것이다. 소설 같은 이야기다. 3년 만에 돌아오신 부친을 보고 어머니께서는 부엌에서 벌벌 떨고만 있던 모습이 어제 같다. 살아 돌아왔다는 기쁨보다 매몰차게 가족을 버리고 전쟁터에 나가 죽을 고생을 하고 돌아온 당신이 무척이나 원망스러웠을 것이다.

인간사는 이런 것인가, 슬플 때가 있으면 기쁠 때가 있는 법이다. 오늘의 슬픔이 내일의 기쁨으로 다가온다는 자연의 섭리를 어린 꼬맹이는 알기나 하였을까. 전쟁은 끝났지만, 모두가 고단한 삶을 살고 있었다. 허리띠를 졸라매고 하루하루를 살아가는 시절이고 보릿고개 시절을 겪어야 했다. 미국이 원조해 주는 옥수수 알갱이와 분유 죽으로 연명했던 시절의 이야기를 세월의 덕분인가,

그때 그 꼬맹이가 팔순의 문턱을 넘은 할아버지가 되어 지난날을 차곡차곡 되새김질하고 있다. 요즘은 자고 나면 하루가 멀다 않고 해괴한 뉴스가 눈과 귀를 피로하게 한다. 국회는 사망선고를 받은 지가 오래다. 국회는 의회의 역할을 하지 않고 제멋대

로 상식에 어긋난 법안을 발의 하고 사법부를 흔들고 있는 사태를 우리는 어떻게 보아야 할지. 할 말은 해야겠다고 생각하지만, 누구를 원망할 것이 아니다. 우리가 자질 없는 일부 수준 이하의 입후보자를 정당이라는 간판 때문에 선택했기 때문이다. 70여 년이 지난 오늘에도 아직도 이념의 벽을 넘지 못하고 좌, 우로 나누어 싸움질하며 하루를 살아가는 현실 앞에 지나가는 개도 웃고 있을 터.

어떤 것이 진실인지 가늠하기 어렵다. 인간의 잔인성을 잘 보여주는 것이 전쟁이지만, 이념의 전쟁은 정신적 학살이다. 양심마저 져버리고 영혼을 잠재우는 야만성과 잔인성의 극치가 아닌가 싶다.

피로감이 밀물처럼 밀려오는 진실의 게임 속에서 살아가는 오늘, 우매한 백성들은 어느 곳에 방점을 두어야 할지 모를 일이다. 그래도 우리의 아픔이 고스란히 남아있는 6월의 한 달 만큼은 모두가 자성하고 충절의 의미를 찾아보는 호국의 달이 되었으면 하는 마음이다.

이참에 이기심 때문에 잃어버린 인연도 찾아보면 좋겠다는 생각이다. 6월이 오면 꼭 찾아야 할 곳이 있다. 호국영령들이 잠들고 있는 국립 영천호국원이다. 예년 같으면 이맘때에 영천 국립 호국원에 봉안되신 부모님을 찾아뵈었는데, 올해는 사정이 허락하지 않는다. 건강이 좋지 않아 참배를 드리지 못해 아쉽다. 불충스러운 일이지만 전자 매체인 컴퓨터 앞에서 사이버 참배라도 드려야겠다고 충절의 문을 두드리고 있는 푸른 6월의 아침이다.

# 을사년(乙巳年)을 맞이하며

　　　　　　　　　　　　　　　　　　내일 모래가 을사년(乙巳年)의 첫 번째 명절인 설날인데도 쓸쓸한 설날을 맞이하려는 것 같다. 요새 세상이 왜 이리 시끄러운지, 정의와 진실, 양심이 사라지고 사악한 땅덩이에 몸을 부대끼고 살고 있다. 자유민주주의는 늘 시끄러운 사회인지 알 수가 없다. 인간들은 모든 사고가 모두 한결같지 않고 제각각이니 어찌할 수 없는 노릇이다. 누가 통제할 수도 없는 특권이다. 창조주가 인간을 만들 때 특별히 잘 만들어 보려고 하다가 실수를 한 탓에 잘못 만들어 낸 결과물이 인간이 아닌가 싶다.

　자연과 동식물은 창조주의 섭리에 따라 불평불만 없이 질서 있게 살아가고 있고 인류에게 좋은 일들을 제공하고 있는가 하면, 하필이면 인간을 문제 아이처럼 만들었는가 싶어 창조주께 따져 보아야겠다는 엉뚱한 생각을 해볼 때가 있다. 아담과 이브를 순수하게 만들었는데 창조주의 약속을 어기고 사악한 뱀의 꼬임에 넘어가 따먹지 말아야 할 사과를 따먹는 오류를 범한 탓에 선과 악을 제대로 구분하지 못하고 오늘을 살고 있다.

뱀은 형벌로 죽는 날까지 배를 땅에 붙여 기어 다니게 되었다는 이야기는 기독교 교인이 아니더라도 중등학교 세계사 시간에 배워서 알고 있다. 올해가 을사년(乙巳年) 푸른 뱀띠의 해다. 예로부터 뱀은 허물을 벗기 때문에 새로운 시작을 의미했으며, 동양문화 측면으로 볼 때는 지혜로움과 변화를 상징하는 가장 신비로운 동물로 여겨졌다.

서양 문화에서는 위험과 유혹의 상징으로 해석되기도 한다. 구약 성서에 등장하는 뱀이다. 을사년(乙巳年)은 성장과 도전의 해를 의미한다고 한다. 감정과 행동의 균형에 주력해야 한다고 하며 지나친 감정적 반응이나 충동적 행동을 삼가고 신중한 판단을 해야 한다고 역학사들은 해석하고 충고도 곁들인다. 현재 우리가 겪고 있는 오늘의 모습과 의미 상충한 이야기다. 오늘을 예측하고 한 말인가 싶다.

요새는 살맛 없는 세상에서 살고 있는 하루하루다. 정의로운 사회는 길 잃은 치매 환자처럼 오간 데 없다. 배신을 밥 먹듯이 하는 오늘의 현실을 어떻게 이해해야 할까? 삼강오륜이 사라지고 대를 이어온 한민족의 순수한 백의민족 정신이 이민을 갔는지 알 수 없고, 선비정신도 도망을 가버렸다. 오직 권력만을 탐하는 자들이 죽기 살기로 각종 법을 무시하고 국민을 기망하는 것을 보면 화가 치밀어 오르지만, 어쩔 도리가 없고 민초들은 스트레스를 머리에 달고 하루를 보낸다. 저들은 알고 있는가.

보릿고개 시절 잘살아 보겠다고 사막의 모래 폭풍에도 굴하지 않고 중동에서 땀을 흘렸고 파독 간호사들은 생각하기도 싫은 노인들의 요양원 현장에서 궂은일 마다하지 않고 조국을 위해 피눈물을 흘렸다. 삶과 죽음의 갈림길인 월남 전쟁터에서 우리들의 많은 젊은이들은 피를 흘렸다.

누구를 위한 희생이었는지 위정자들은 알고 있는가. 그때쯤, 당신들은 부모의 보호 아래 대학교에 다녔을 때다. 필자는 6.25를 경험했고 사선을 넘는 월남전에도 참전했다. 배고픔을 알고 질박한 격동의 한 시대를 살아온 필자로서는 억울하다는 생각이 앞선다. 요새 세상 들여다보니 울분만 남을 뿐이다.

피땀 흘려 이룩한 세계 10위권의 경제 대국의 초석을 만든 세대가 우리 늙은이들이다. 당신들은 노력도 아니하고 차려놓은 밥상에 숟가락 얻는 것을 보고 좋아할 사람 어디에 있겠는가. 70여 년 동안 고질적인 이념전쟁의 늪에서 헤어나지 못하고 좌, 우두 쪽으로 몰아간 위정자들의 놀음판에 국민들은 속앓이하며 살고 있다. 현관문 벨소리가 울린다.

찾아올 사람 없는데 누군가 문을 열어보니 며칠 전 아내가 떡방아 집에 쑥떡을 주문했었다. 영하 13도를 알리는 추운 날씨에 고맙게도 배달을 해 왔다. 날씨가 추우니 바깥 출입이 어려워 간식으로 먹으려고 주문을 한 것 같다. 스트레스를 풀려면 무엇이든 먹는 게 제일이다. 평소에도 손이 크고 후덕한 아내는 시골 친정집 형제들에게도 나누어 먹으려고 넉넉하게 주문을 했다. 도시생활을 하고 있는 가정에서는 보기 힘든 일이다. 보통은 시골 친인척 집에서 도시에 생활하는 친지에게 보내는 게 나눔의 미덕인데 반대로 도시에 사는 아내가 시골에 떡을 보내는 것을 보고 복 받겠다고 사탕발림했다.

택배는 당연히 나의 몫이다. 아들 녀석은 해외에서 살고, 딸애는 직장을 나가야 하니 심부름은 자연히 내가 해야 하는 형편이다. 다행히 가까이에 있는 우체국에서 택배로 보냈다. 다들 잘 드시라고 메모로 인사말도 곁들였다. 쑥덕쑥덕 드시라고.

나눔의 미덕은 소중하다. 요새 같은 메마른 사회에서 나눈다는 것은 쉽지 않다. 아파트 숲 속에 묻혀 사는 우리는 앞집 윗집에도 누가 사는지 모르고 엘리베이터 안에서도 눈 맞춤하지 않은 사회가 되고 보니 현대라는 사회가 썩 좋지는 않은 것 같다. 동양 문화적 측면에서 을사년(乙巳年)은 성장과 도전의 해라고 했다. 을사년(乙巳年)은 푸른 뱀의 해라고 좋아만 해서는 안 되는 일이다.

  1905년 11월 17일 대한제국이 외교권을 박탈당한 치욕의 을사보호조약이 있었던 120년 전의 해이다. 30여 년을 일제 강점기에 우리 선조들은 수난과 고통의 나날이었을 것이며, 독립운동을 하면서 백성들은 하나로 단결하는 결사의 의지를 보였다. 지금도 늦지 않았다.

  서로를 이해하고 단합하는 대한민국이 되었으면 한다. 작금의 사태를 보고 걱정이 앞서는 것은 나만이 아니라는 것은 말할 필요가 없다. 오늘의 사태가 슬기롭게 해결되기를 바라는 마음이다. 푸른 뱀띠의 해, 서양 문화에서는 유혹과 위험의 상징이라 하고 있다. 귀담아들어 볼 만한 이야기다.

# 이브(Eve) 날 아침 편지

　　　　　　　　　　　　　　　　이브 날 아침 까꿍 하는
카톡 소리가 울린다. 멀리 경남 언양에서 온 막내 처제의 편지
다. 부지런한 처제의 카톡 소리는 정확하게 아침 6시에 울린다.
알람 소리를 대신해 주는 고마운 소리다. 들려주는 이야기는 사
랑이라는 제목으로 알려온 기러기에 대한 이야기다. 러시아 시
베리아에 있는 바이칼 호수에는 조류 보호지가 있다 한다. 어느
날 회색기러기 한 쌍이 날아왔는데 조류 연구가 들은 이 기러기
들을 정착 시키고 보호해 주기로 결정을 했다.

　그래서 암컷 기러기를 포획해 날지 못하도록 날개 한쪽을 테
이프로 붙여 놓았는데 점점 날씨가 추워지자 기러기 부부는 따

뜻한 지중해로 날아가서 겨울을 보내고 싶었지만, 암컷 기러기가 날 수 없기에 수컷 기러기도 날아가지 못하고 함께 남았다.

　일 년 중 가장 추운 1월이 되니 한파가 몰아치기 시작해서 혹시 기러기 부부가 얼어 죽는 일이 생길지 몰라 두 마리를 따뜻한 우리로 옮겨 주기로 했는데 날지 못하는 암컷 기러기는 쉽게 따뜻한 우리로 옮길 수 있었지만, 수컷 기러기는 잔뜩 겁에 질려 혼자서 멀리 날아가 버렸다.

　홀로 남은 암컷 기러기는 주는 먹이를 거부하고 구슬프게 울었다. 그러나 며칠이 지나 수컷 기러기가 호수에 나타나 큰 소리로 울어대며 암컷을 찾기 시작했다. 사흘에 한 번 꼴로 찬바람이 몰아치는 호수 위를 큰 소리로 울면서 날아 다녔고, 2월이 될 때까지 수컷 기러기는 온 사방을 돌아다니며 암컷 기러기를 찾아 헤맸다.

　드넓은 호수의 이 쪽 물가에서 시작해 저 쪽 물가 끝까지 온 구석을 샅샅이 찾아다녔다. 심지어는 멀리 떨어져 있는 도랑까지 암컷을 찾아다녔다. 수컷 기러기가 암컷을 찾아 헤매는 그 정성을 지켜본 조류 연구가들은 너무나 안쓰러운 생각이 들었다. 그래서 암컷 기러기의 날개 한 쪽에 붙였던 테이프를 떼어 내고 호수로 옮긴 후 풀어 주었다. 이틀이 지난 후에 수컷 기러기는 암컷 기러기를 발견했다. 수컷 기러기가 큰 소리로 울어 대며 물 위를 날아가자 암컷 기러기도 트럼펫 같은 울음소리를 내며 반갑게 응답했다. 암컷의 소리를 듣고 수컷 기러기는 공중으로 날아 크게 한 바퀴 원을 그리더니 암컷 기러기가 있는 물 위로 내려앉았다. 오랜만에 재회를 한 한 쌍의 회색기러기는 목을 길게 뽑아 서로를 비벼대고 부리를 맞댄 채 반가움을 표현했다.

 그리고 함께 다정하게 공중으로 높이 날아 올랐다가 물위로 떨어지는 율동을 반복하면서 서로의 사랑을 확인하고 있었다. 그 모습을 지켜본 조류 연구가들의 마음에 깊은 감동이 밀려왔는데 새들도 사람 못지않게 애틋한 사랑을 나눈다는 것을 깨달았다. 다정한 모습으로 따뜻한 곳으로 날아가는 기러기 부부의 모습에 사랑이 가득 담긴 햇빛이 환하게 비치었다.

 비록 조류인 기러기 이야기이지만, 감동이 있는 사랑의 이야기를 다시 한번 들어도 싫지 않은 사랑의 이야기다. 동화 속에서 볼 수 있는 아름다운 이야기는 아마 톰 워삼(Tom Worsham)이 쓴 글이 아닌가 싶다. 믿음과 사랑 중에 으뜸은 사랑이다. 오늘은 온 누리에 평화와 사랑을 전하려 오시는 아기 예수님이 오시는 날이다.

 한해를 바쁘게 살아오느라 늘 고마운 사랑을 전해드리지 못했던 일가친척과 소중했던 분들에게 사랑이 담긴 안부의 전화를 걸어보시면 어떨까? 사람이 살아가면서 후회하는 일은 해서는 안 되는 일이다. 오늘이 지나면 모든 게 과거가 되기 때문이다. 때늦은 후회는 되돌릴 수 없기 때문이다. 초저녁별이 뜨는 하늘에 기러기가 무리를 지어 날아간다. 평화롭게 보이는 그들의 날갯짓을 볼 때는 자연스럽고 낭만적으로 보았다. 그러나 그 이면을 보면 애처로운 사연이 있다는 걸 여태껏 살아오면서 느끼지 못한 게 부끄럽다. 따뜻한 곳으로 먼 여정의 여행을 떠나는 기러기는 V자 형으로 날아간다. 기러기 중에 제일 선두에 날아가는 기러기가 리더다.

  그 뒤를 질서 있게 따르는 무리를 볼 때 어디까지 가는가를 어릴 때는 의심스러운 눈으로 보았다. 비록 조류인 새들도 사랑과 질서를 지키는 모습에 오늘을 사는 우리 사회를 살펴본다. 우선 부끄럽다. 더 이상 오늘의 사회를 소환해 보기 싫어서다.

  기러기는 다른 짐승처럼 한 마리의 보수가 지배하고 그것에 의존하는 그런 사회가 아니다. 먹이와 따뜻한 땅을 찾아 4만 km를 날아가는 기러기의 모습을 보면, 때로는 눈물샘을 자극하기도 한다. 이들은 먼 길을 날아가는 동안 끊임없이 울음소리를 낸다. 그 울음소리는 거센 바람을 가르며 힘들어 날아가는 리더에게 보내는 응원의 소리다.

  서로가 다독거리며 먼 여행을 하는 기러기들, 앞서가던 리더가 지칠 때는 위치를 서로 교대하면서 끊임없이 서로에게 힘을 주고 어려움을 함께 극복하는 사랑의 공동체! 우리는 이런 모습을 어떻게 보아야 할 것인가.

  무심하게 볼 것이 아니라는 생각이다. 오늘 아침에 날아온 사랑의 편지, 오늘도 서로를 사랑하고 배려하는 마음으로 기러기의 공동체를 다시 한 번 생각해 본다. 이브 날의 아침에 보내온 사랑의 이야기, 막내 처제에게 고맙다는 마음으로 절 한번 꾸벅 해야겠다.

## 일상 속의 이야기



한 주일만의 외출이다. 겨우 내내 기온이 영하로 떨어지니 나이 든 노인들은 건강을 위해 바깥출입을 자제하라는 방송국 아나운서의 친절한 맨트가 더욱 서글프게 들린다. 세월이 무척 빠른가 싶다. 그새 나도 맨트의 대상이 되었다. 어제같이 젊었다고 생각했는데 한숨 자고 일어나니 할아버지가 되었다. 세월은 고장도 없는지 멈추질 않고 돌아간다. 아나운서의 말을 들어야겠다. 노인들은 주의를 하지 않으면 낭패를 보기 때문이다. 작년에는 마음이 청춘이었던가. 겁 없이 빠른 걸음 하다가 돌부리에 걸려 넘어져 병원 신세를 지기도 했다. 깁스를 하고 3개월간 보조기의 도움으로 겨우 출입한 일이 떠오른다. 병원에 갈 때는 검정 빵모자 뒤집어쓰고 보조기에 의지하여 절름거리며 가는 모습은 누가 보더라도 길 잃은 노숙자나 다를 바 없었다. 오라는 곳 없고 갈 곳 없기 때문에 TV와 유튜브를 끼고 사는 게 노인네의 하루다.

오늘은 한 주일에 한 번은 외출하는 날이다. 성당에 다녀오는 일이다. 마침 오늘은 아기예수님이 탄생한 성탄절이기에 오전 미사를 다녀왔다. 여느 때와 달리 많은 신자들이 찾아왔다. 어제가 아버지의 기일이지만, 오늘같이 좋은 날을 택해 연미사(돌아가신 분을 위해 기도하는 예식)를 봉헌했다. 하늘나라에 계시는 분이 알기는 하실까만, 그래도 자식 된 도리는 해야 하지 않겠는가 싶다.

추억은 언제나 끝이 없지만, 그리운 추억만이 무성하다. 이제야 철이 들어서인가 아버지를 생각할 때마다 눈시울이 무거워진다. 너무나도 고지식한 분이다. 6.25 전쟁에 자진하여 참전하셨고 포로가 되어 생사를 넘나들고 3년 만에 돌아오신 분이다. 법 없이도 사실 분이다. 우리 집안은 2대가 참전 유공자이고 나와 동생은 월남전에 참전했다. 누가 무어라 하든 항상 부듯한 자부심으로 살아가고 있다.

딸애가 퇴근 후 꼭 챙겨 오는 게 늦은 시간에 받아보는 신문이다. 지방 신문이지만, 읽을거리가 제법 많다. 오늘은 특별히 큼직한 활자가 눈에 뜨인다. "특별할 것 없는 아주 보통의 하루 그게 좋은 거라"는 이야기다. 하루를 살아가고 추억의 이야기도 곁들인다. 우리가 매일 살아가는 보통 사람들의 하루 이야기다. 꼬맹이 때 누구나 한 번쯤 경험해 본 순진한 마음을 담은 이야기가 솔깃하다. 풀숲을 걷다 우연히 발견한 네잎클로버에 마음 빼앗겨본 아름다운 추억, 무리지은 클로버 속에서 우연히 발견한 네잎클로버. 행운의 클로버를 찾았을 때의 희열은 어린 마음에도 행복했을 것은 말할 필요가 없지 않겠는가 싶다.

  지금도 생각하면 행운을 뜻하는 네잎클로버의 정서가 오늘의 사회에서는 찾아보기 어렵지만, 그런 정서를 잃어버린 삭막한 시대를 살고 있음에 가슴 저려온다. 오늘도 아침에 일어나자 첫 번째 하는 일이 아침 스트레칭이다. 이 운동을 하고 나면 온종일 바른 자세를 유지하는 운동이다. 덕분에 반듯한 자세를 유지하고 있다. 두 번째가 아내가 정성 들어 가꾸고 있는 꽃구경이다.

  햇볕이 나지막하게 내려앉는 베란다와 거실에 빼곡히 피어있는 꽃들을 보는 게 즐거움이다. 덕분에 눈이 호사하고 머리를 맑게 해 준다. 제라늄, 카랑코, 게발선인장, 펜타스, 은잔, 가자니아 등 꽃이 활짝 피었다. 하루를 마다하지 않고 꽃 키우기에 정성을 다한다. 늘그막 한 나이에 꽃을 가꾸는 취미생활은 건강에도 좋을 듯하다. 엔도르핀이 펑펑 쏟아지기 때문에 하루가 즐거운 모습이다. 봄 여름 가을이면 아파트 화단에 각종 꽃이 만발이다. 주민들이 무척 좋아하고 있다.

오늘도 일찌감치 돌아오는 계절에 꽃을 피우려고 거름을 넣어 주고 있다. 분명 다가오는 봄에는 아파트 화단에 꽃들이 만발할 것이고 벌과 나비가 찾아올 것을 기대해 본다. 오후에는 아내와 함께 산책하는 시간이다. 하루의 일과가 변함이 없다. 가까운 수목원까지 돌아오는 산책이다. 봄, 여름, 가을의 풍광은 아름다운 곳이다. 대전 시민들이 즐겨 찾는 명소다. 겨울은 별로 아름답지 못하다. 훌렁 벗은 나무들이 부끄러운 줄 모르고 뻘쭘히 서 있지만, 호수의 어름장 밑에는 붕어가 먹이를 찾느라고 무리를 지어 다닌다. 호수 둘레길에는 억새가 바시락거리며 겨울을 이야기한다.

습지에는 고니가 한쪽 발을 들고 물고기 한 마리 잡으려고 인내의 시간을 보내고 있는 모습이 그나마 겨울다운 풍광이다. 선비 같은 품위 있는 녀석이 어느 때 물고기 한 마리를 잡을 수 있는 기회가 올 것을 기대해 보며 수목원을 뒤로한다. 찬 바람이 얼굴을 스친다. 발걸음이 바빠진다.

# IV

## 홍시가 알알이 달려있다

# 잃어버린 목욕 수건

　　　　　　　　　　　　　　온 세상을 하얀색으로 치장한 화이트크리스마스가 2024년 한 해가 저물어가는 것을 알린다. 몇 년 만에 만나보는 화이트크리스마스다. 젊은이와 연인들은 한결 마음이 들떠 추억을 남기려고 부산하다. 어린 꼬맹이들도 마찬가지다. 동심의 세계는 변하지 않은 모양이다. 나이가 든 나도 괜스레 마음이 즐겁다.

　하얀색 연말을 맞이해서인가. 말도 많은 한해 땟국이 잔뜩 묻은 계묘년이 아쉬움만 남기고 떠나려 한다. 오늘은 연말이고 해서 아내와 함께 한 해의 묵은 때를 지우려는 마음으로 온천을 하려 유성에 있는 계룡스파텔에 들렀다. 묵은 때를 씻고 새로운 마음으로 새해를 맞이해 보자는 마음에서다. 온천 입구에는 맨발로 걷기 운동을 마친 많은 분들이 야외에 마련된 족욕 온천탕에 발을 담그고 즐기는 사람들이 빼곡하다.

　온천수에 발을 담그며 정감이 오가는 이야기가 있는 곳. 얼굴에는 희색이 만연하다. 이웃 간에 대화가 없는 요새 같은 도심의 생활 속에서 잠시나마 웃고 마음을 터놓는 만남의 공간이다. 유성구에서 배려한 것인지는 모르겠으나 족욕장으로 유명하다. 역시 온천은 유성만이 특수성을 갖고 있는 모양이다. 이곳 온천은 국방부에서 장병들의 휴식 공간으로 설치한 곳이다.

　호텔도 있고 대중목욕탕도 운영하고 있다. 또 당국의 배려로 일반인들도 이용하게 되어있어 많은 사람들이 저렴한 가격으로 이용하고 있다. 특히 현역 병사와 국가유공자에 대해서는 요금을 절반으로 감면하여 주기에 부담 없이 온천욕을 즐기고 있다. 대중탕에 들어가니 만원사례다.

　평소에 들려보면 얼마 되지 않은 노인네들이 듬성듬성 앉아 온천을 즐기는데 오늘은 예외다. 넓은 탕 안에 노인네들이 빼곡하다. 들어가 앉을 틈이 없어 보인다. 에고 오늘 잘못 들렸다고 생각했으나 기왕 왔으니 염치 불고하고 비집고 들어갈 수밖에 없다. 20여 분간 반신욕을 하고 쉼터에 잠시 쉬었다가 내가 자리 잡은 곳에 가보니 있어야 할 수건 과 면도기를 담아둔 세면기가 감쪽같이 사라졌다.

에고 이게 무슨 일인가 하고 이리저리 살펴보지만 허사였다. 어느 염치없는 늙은이가 그것도 재물이라고 가져간 것 같다. 몸을 씻어야 할 때밀이 수건이 없으니 잠시 당황스럽다. 할 수 없어 매점에 들러 때밀이 수건을 구매했다. 자판기에서 카드로 구매하고 보니 고작 4천 원이다. 얼마 되지 않은 남의 물건에 손을 데는 사람이 요새도 있다고 보니 기가 막히기 전에 안타까운 마음이 들었다.

괘씸한 생각이 들기도 했지만, 얼마나 딱한 생활을 하면 몇 푼 되지 않은 남의 물건에 손을 대었겠는가. 오늘의 야박한 우리 사회 모습의 한 장면을 여기에서 보았다. 오늘도 힘들게 살아가는 독거노인들, 힘든 손수레 끌고 폐지를 주스며 고달픈 삶을 살아가는 노인네들, 한 해가 넘어가는 시간에 오갈 곳 없는 노숙자들의 생활을 우리들은 어떤 시각과 마음으로 보아야 할 것인가 하는 생각이 설핏 들었다.

나이가 들수록 곱게 늙어 가야 하는데 오늘의 사회가 그리 넉넉하지 않고 누구 하나 관심 없는 세상이다. 오늘도 외교부 앞에서는 월남참전 노병들의 외치는 소리는 유튜브를 통해 듣고 있다. 살아온 날보다 살아갈 날이 머지않은 참전유공자들이다. 월남 참전용사들의 수당은 올해 월 450,000원으로 인상되었다. 매년 쥐꼬리만큼 인상해 주는 수당으로서는 생활하기에 별 보탬이 없다. 국가를 위해 타국에서 죽음을 무릅쓰고 싸워온 국가의 영웅들에 대한 보답은 허술하다.

한 해가 가는 마지막 날, 전라도 광주에서는 월남참전 유공자인 독거노인이 세상을 등졌다는 보도는 유튜브를 통해 들었다.

세상을 떠난 지가 여러 날이 지나서 발견되었다는 일이다. 정말 메마른 사회다. 민주화운동을 하였다고 턱도 없이 많은 혜택을 주며, 목숨을 담보하고 전장에서 돌아온 용사들에게는 남의 일 보듯이 하는 국회. 정치적으로 이용하기 위해 민주화운동에 부역한 자들에게 더 많은 혜택을 주려 하는 일부 국회의원의 발상에 분노할 수밖에 없다.

가짜 민주화 유공자가 판을 치고 있는 우리의 그늘진 오늘의 사회, 언제나 정의가 구현될 수 있는 사회가 되려는지 아직도 요원하다. 민주화의 탈을 언제 벗겨 보려나. 권력은 좋은 걸까. 지나 보면 모든 게 허허롭다. 인생은 일장춘몽(一場春夢)이다. 우리는 항상 그러했다. 내년이면 좋은 날 올 거라는 작은 소망을 담은 서민의 애타는 마음……. 우리 세대는 고달픈 시대를 살아왔다. 격동의 세월, 그곳에는 눈물겹도록 질박한 삶이 있었다.

오늘 나의 목욕 수건을 가져간 어느 노인네를 생각해 본다. 비록 고통스러운 삶이지만, 세월의 덧없음을 한탄하지 말고 쥐구멍에도 볕 들 날 있듯이 을사년(乙巳年) 새해에는 건강하고 좋은 일만 가득하길 빌어본다.

## 입춘(立春)


 이른 아침부터 휴대폰에서 카톡 오는 소리가 요란스럽다. 귀찮지만 열어본다. 입춘대길(立春大吉)이라는 글씨가 선명하다. 오늘이 입춘(立春)이라고 알린다. 자칫했으면 모르고 지나칠 뻔했는데 고맙게도 늙은이가 기억력이 떨어져 모를까 싶어 멀리 울산에 있는 막내처남이 알려왔다. 고마운 일이다. 입춘(立春)은 새해의 첫 번째 봄을 맞는 절기다. 봄의 문턱에 들어섰다는 입춘은 주름도 없고 고장이 없어서 인가,

 어제가 신년 1월이었는데 벌써 2월을 맞이하고 보니 세월은 고장도 나지 않은 모양이다. 우리는 봄, 여름, 가을, 겨울, 사계

절을 지니고 있는 축복받은 땅에서 살고 있음에 감사할 뿐이다. 옛날 농경시대에서는 춥고 긴 겨울이 지나고 어서 빨리 봄이 왔으면 하는 생각이 간절했을 터. 요새는 농촌에서도 냉난방이 잘 되어 어려움이 없지만, 그 옛날에는 긴 겨울밤의 문풍지 우는 소리에 밤잠을 설치던 시절이었으니 얼마나 봄이 오기를 기다렸을까 하는 생각이다.

만물이 소생하는 봄, 수양버들 가지가 노르스름하게 물이 오르는 것을 볼 수 있고 개울가 얼음장 속의 피라미가 봄을 기다리는 듯이 따스한 봄이 온다는 게 얼마나 반가운 일인가. 나도 모르게 닫혀있던 가슴이 열리는 느낌은 누구나 한 번쯤 느꼈으리라 생각된다. 올해의 입춘은 주민등록상으로 보면 나의 생일날이다. 아직도 우리들은 유교 사상에서 벗어나지 않은 것 같다. 질기와 생일 제사 등은 음력으로 지내고 있으니 아침 식탁에 미역국이 나오는 건 당연한 일이다.

음력 정월 십 일이 내가 세상을 본 날이다. 음력 정월달에 태어나면 야무진 나이로 태어났다고 한다. 1년 중 딱 맞는 달에 태어났다는 이야기다. 어설프게 10월이나 12월쯤 태어나면 억울하게 나이를 한 살 더 먹기 때문이다. 하기야 요새는 나이도 법으로 정해져 태어나면 한 살이던 것이 한 해가 도래해야 한 살로 계산되니 내 생각은 부질없는 이야기가 되어버린 것 같다. 옛 나이 계산 방식이 없어지고 나이도 현대화의 문화 속에 흡수된 세상이다. 그래서 인가, 옛날 같으면 입춘 날에는 지역에 따라 전통적으로 먹는 음식이 있었지만, 지금은 흔적조차 찾을 수 없다. 물질문화가 발달하고 현대화라는 세상에 살고 있으니, 옛것에는 아무런 미련이 없는 듯하다. 우리 고유의 생활 문화가 살아 숨 쉬는 절기이지만, 하나둘 사라져 가는 게 아쉽다.

고유의 전통문화는 오래도록 보존하여야 할 것임에도 이를 계승할 생각이 무디어진 것 같아 세월의 무상함을 원망할 뿐이다. 내 어릴 적, 입춘 날에는 할아버지께서 한지에 입춘대길(立春大吉)이라고 큼지막하게 쓰시고 우직한 대문에 붙이던 게 어제 같다. 옛날에는 도시나 시골이든 모두가 입춘(立春)의 절기를 축하하려고 대문이나 문설주에 붙였다.

봄이 오고 있으니 크게 길하고 좋은 일만 많이 있기를 기원하는 뜻이기 때문이다. 입춘(立春) 때는 추위가 있는데 올해는 온화한 기온이다. 요새는 이상 기후의 탓으로 온 인류가 재앙을 만나고 있음을 볼 때 혹여나 우리나라에도 혹여나 이상 기후가 올까 조심스러운 마음이다. 인간이 자연을 파괴한 결과의 형벌이라는 생각이다.

마구잡이의 개발이 지구를 종말로 이끌고 있는 지금이지만, 말로만 환경보호를 앵무새처럼 반복하고 있을 뿐이다. 이제야 자연의 질서에 순응하고 살아야 하겠다는 게 때늦은 후회가 아닌가 싶지만, 그나마 다행스러운 일이라 생각된다. 입춘(立春)

추위는 반드시 찾아올 것이고 자연의 순리이기 때문이다. 옛말에는 입춘 추위가 항아리 깨어질 만큼 매섭다는 이야기도 있고 입춘 무렵의 늦추위가 꼭 찾아온다는 뜻으로 꾸어서도 올 정도로 추위는 무조건 찾아온다고 하니 아직은 안심 놓을 일이 아닌 듯싶다. 멀지 않아 개나리꽃이 필 때면 심술쟁이 꽃샘 할멈이 찾아올 것이고, 저 만큼에 아지랑이 등에 업고 뚜벅걸음으로 오는 봄기운에 화들짝 놀란 꽃샘 할멈이 도망칠 때면, 온전한 봄을 맞이하지 않겠는가. 아침을 먹고 가만히 있을 수가 없다. 입춘(立春)을 맞이하여 아내가 가꾸고 있는 아파트 화단에 아내와 함께 나간다. 지난해에는 꽃이 많이 피어 지나치는 주민들이 눈여겨보며 좋아했다. 올해도 풍성한 꽃밭을 만들어야 하겠다는 마음으로 주워 온 벽돌로 무너진 경계석을 다시 복원했다.

  두어 시간을 들여 그럴싸하게 화단을 만들었다. 입춘(立春) 날을 제대로 맞은 것 같다. 올해는 더 많은 꽃을 화단에 피울 것이라고 소박한 욕심도 부려보는 입춘(立春) 날의 아침이다.

# 장독대 익어가는
## 　　서운암을 찾다

　　　　　　　　　　　　　　　　　　대전에서 시골 언양 집에 온 지가 며칠 지났다. 이곳에서 그리 멀지 않은 곳에 양산 통도사가 있고 장독대 익어가는 서운암을 찾아 나들이하는 날이다. 나뭇잎 사이로 비집고 내려오는 가을 아침 햇살이 가늘고 살갑다. 가을 소풍하기에 알맞은 11월이 가는 주말이다. 날씨 정보를 검색하니 낮 기온이 15도를 알려준다. 오늘 하루를 즐겁게 해줄 알맞은 날씨다.

　10시쯤 둘째 처남 내외가 차를 마당에 주차할 때쯤, 아내가 부지런히 김밥을 말고 있다. 그냥 통도사 부근식당에 들르면 되는데 힘들게 점심준비 할 필요가 있느냐고 처남이 만류하지만, 아내는 가을 풍경을 제대로 감상하려면 음식을 만들어 가서 먹어야 진국이라고 한다. 설핏 옛날 가을 소풍 가던 생각이 떠오를 수밖에. 오늘은 왠지 지난 추억을 살피려는 아내의 생각을 엿볼 수 있다.

이곳 언양에서 자라 부산으로 시집오고, 요새는 대전에 와서 살다 보니 어린 시절 자란 고향에서 옛이야기 찾으려는 것은 당연한 생각인데 방해를 해서는 안 될 일이다 싶다. 고향 소리만 들려도 누구나 가슴이 멍해지고 울컥하는 게 우리들의 정서인데, 아내인들 같은 마음일 것이라는 생각이다.

통도사 정문을 지나 장독대 익어가는 서운암에 들른다. 항아리가 가득하고 된장 파는 점포에는 관광객들이 가득하다. 물씬 풍기는 우리 고유의 된장 냄새가 코끝에 맴돈다. 불자가 없어신가 관광객은 암자를 대충 둘러보고 부처님도 찾아보질 않고 바쁘게 된장 판매장을 찾는다. 워낙 소문난 곳이니 호기심에도 들려본다. 입소문 이란 게 무섭다.

도심의 전광판에 장식하는 광고보다 효과가 큰 것이 입소문이다. 평소에도 부산 사람들이 제일 많이 찾는 곳이 고찰 양산 통도사다. 통도사 뒤편에는 수십 개의 암자가 있다. 산속에 여기저기 흩어져 있고 이곳을 한 바퀴 돌아보려면 하루해가 모자란다. 서운암은 된장 외에도 볼 곳이 많다. 서운암은 매년 봄이면 난 꽃 전시회도 열리고 야생화의 보고다. 또 천연염색 전시회가 한

해에 한 번씩 열리는 유명한 곳이다. 전국의 자연염색 작가들이 모이고 전통미감을 느껴볼 수 있다. 만추의 계절, 인간의 마음을 물들이는 아름다운 감성을 잘 나타내는 쪽빛 예술이 이곳에 숨겨져 있다.

장독대 뒤편 오솔길을 따라 한참을 올라가면 언덕바지에 장경각의 지붕이 나지막하게 보인다. 장경각 안에는 도자기로 만든 대장경이 봉안되어 있다. 가로 52cm 세로 25cm의 경판의 수는 16만 3천 장이다. 안으로 들어서면 층층으로 빼곡히 쌓인 대장경판에 압도된다. 길고 긴 구도의 불사에는 남북통일의 염원을 담았다. 밖으로 나오면 장경각 앞마당의 수조에는 국보 285호인 반구대 암각화가 재현되어 있다.

나전 기법과 옻칠로 되살린 작품에는 7,000년 전에 그린 동물들이 꼼지락거리며 살아있는 느낌이다. 또 옆쪽에는 국보 147호인 울산 천전리 각석이 옻칠과 칠기로 재현되어 수조 속에 잠겨 있다. 관광객들은 너나 할 것 없이 사진 찍기에 분주하다. 이런 곳을 그냥 스치고 지나가는 감성이 없는 사람은 아무도 없다.

장경각에서 바라보는 풍광은 가을 색을 덮어쓴 신불산의 웅장함이 코앞에 다가오고 관광객의 포토존이 될 수밖에 없다. 청명한 하늘에는 뭉게구름이 느림보 걸음으로 신불산의 우람한 맥을 이어 영축산을 힘겨워하며 넘고 있다.

자연도 늙어 가는 건가. 나만 늙어 가는 줄 알았는데. 서운암을 나와 좌측으로 올라가면 극락암이 있고 비로암, 백운암, 마지막으로 영축산으로 오르는 길목이 있다. 극락암에 이르면 암자도 아름답지만, 연못의 구름다리와 단풍나무가 어울려 한 폭의 동양화를 펼친 것 같다. 가족사진을 촬영하고 인증표를 남긴다.

젊은 시절 카메라를 들고 이곳에 들려 구름다리를 배경으로 찍은 사진이 이곳 시골집 안방에 자리 차지하고 있다. 보는 사람마다 멋지다고 한다. 물론 단풍색 고울 때 찾은 곳이다. 사진작가로 활동하며 개인전도 한 번한 솜씨인데 좋을 수밖에 없지 않을까. 자화자찬을 하고 보니 조금은 쑥스럽다.

배가 출출하다. 점심때가 되었다고 배꼽시계가 용케도 알려준다. 아래쪽으로 내려와 식사를 할 만한 곳을 찾았다. 미리 준비해 온 돗자리를 펴고 알뜰히 살뜰히 만들어온 김밥과 반찬을 나란히 줄 세운다. 먹음직스럽다. 아내의 손맛을 본다. 한입 베어 물고 보니 입맛에 딱 맞다. 오랜만의 가을 소풍이다.

야외에서 형제자매가 오순도순 둘러앉아 가족의 정을 나누는 모습이 정겹다. 요새 같은 세상에 형제자매가 한데 어울려 속내를 숨기지 않고 옛 이야기하고 웃어본다는 게 어려운 사회인데, 처가 식구들의 가족애가 남다르다. 막내 처제가 이런 장면을 지나칠 순 없다는 듯 휴대폰으로 기념사진을 남긴다. 가을 색 짙어 가는 영축산 자락에서 먹어보는 김밥은 특별한 한 맛이다. 볼이 터질 만큼 크게 만들어서 한참 동안 우물거리며 씹어본다. 입안에 가득한 김밥이 제 맛을 내고 있다. 음식은 오래도록 씹어야 진한 맛을 느낄 수 있다. 가을을 음미하고 있는 것인가. 따끈한 커피 맛도 음미하며 가을을 품는다. 살며시 불어오는 솔바람이 옷깃을 스친다.

산속이라 선가, 앞산 그림자가 어느덧 산 아래로 내려온다. 내려갈 채비를 한다. 또 언제 와볼 것인가. 아쉬움이 크다. 장독대 익어가는 서운암을 뒤로하고 오던 길로 되돌아간다. 차창밖에는 억새가 소금을 뿌린 듯 은빛을 발하고 코스모스가 살랑살랑이고 있다.

# 진실과 양심

　　　　　　　　　　　　　　　　　요즘 우리 국민은 너나 할 것 없이 밤잠을 설치고 일손이 잡히지 않은 속에서 하루를 보내고 있다. 글을 읽어도 마음속에 스며들지 않고 머릿속에서 뱅뱅 돌기만 하다. 모든 국민이 스트레스를 받고 있지만, 특히나 나이가 지긋이 든 분들은 스트레스가 더욱 심하다. TV나 유튜브를 통해서 세상 돌아가는 소식을 듣는 게 하루의 일과 중의 즐거움이고 그나마 소일 꺼리다. 오라는 곳 없고, 갈 곳 없다.

　노년의 하루가 이렇게 허접할 줄 누군가 알았을까. 젊을 때 노후에 생활할 수 있는 프로그램을 일찌감치 마련해 두었으면 하는 후회감이 드는 지금이다. 그러나 다행히도 재직 시 대학사회

교육원에서 사진 강의를 들어 퇴직 후 요긴하게 쓰긴 했으나 작품 활동도 시간이 많이 지나고 보니 그마저 손을 놓게 되니 갑갑하긴 마찬가지다. 세월이 모든 것을 변화시키고 모든 것을 앗아가는 건 자연의 법칙이라 묵묵히 자연의 순리에 따를 수밖에 없다.

요새 세상은 진실과 양심이 사라진 지가 까마득한 것 같다. 진종일 정치권의 싸움소리만 듣고 있자니 짜증스럽고 마음 둘 곳 없으니 자연히 스트레스를 받고 있다. 유튜브에서는 갖가지 거짓 정보가 쏟아지고 듣고 있는 사람들은 나름대로 판단의 가치를 유지하려 귀를 쫑긋이 한다. 몇 해 전 이른 봄에 홍매화로 유명한 승주읍 선암사에 들렸다. 이상하게도 홍매화 꽃이 보이지 않는다.

이맘때면 전국의 사진가들이 모여드는 곳인데 왠지 썰렁했다. 멀리 부산에서 이곳까지 때맞추어 왔지만 헛걸음이다. 때마침 스님 한 분이 오시기에 올해는 홍매화가 보이지 않는다고 하니 스님은 지난해 겨울의 추위가 혹독해 매화가 제 갈 길을 잃고 정신을 차리지 못해 제때 시간을 맞추지 못한 것 같다고 설명을 한다. 재치 있는 이야기다. 제 시간을 못 맞추었다는 스님의 말에 나도 덤으로 웃을 수밖에 없었다.

잠시 후 스님이 내게 물어본다. 세상에서 변하지 않는 게 있다면 무엇이냐고 묻는다. 갑작스러운 질문에 머리가 하얗게 된다.

머뭇거리자 스님은 진리라고 한다. 평소에 많이 들어본 말인데, 에고 그걸 잠시 잊고 산 것 같아 얼굴이 붉어진다. 철학공부를 하지 않아도 대부분 알고 있는 말인데 무식함을 드러내 쑥스러울 뿐이다. 변하지 않는 것은 진리라 뒤돌아서며 곱씹어 본다. 진리가 생명이라는 말을 수 백 번 들었을 터인데도 질서 없이 살아가는 오늘의 중생 모습이 아닌가 싶다. 스님이 내게 물어온 의미는 무엇일까. 요즘의 우리 사회상을 간접적으로 일러 주려고 한 듯하다. 진리와 진실은 어떤 관계인지 궁금스럽다. 진리는 철학적인 연구의 대상이며 진실은 우리들의 내면이라고 생각해 본다. 어떻게 생각하면 진리나 진실은 다를 바 없다는 게 나의 생각이다. 마음속 깊이 숨겨져 있는 게 인간이 가진 가장 소중한 인간의 덕목이 진실이다.

 진리 속에 진실이 존재하고 있기 때문이다. 거창한 경지까진 올라갈 수 없지만 나름대로 생각해 본다. 요새는 모두가 거짓 속에서 살아가고 있다. 우리 고유의 유교사상인 인의예지신(仁義禮智信)과 삼강오륜(三綱五倫)은 유교 윤리의 근본을 이루고 인간이 항상 지켜야 할 다섯 가지 기본 덕목인데 이렇게 소중한 기본 덕목이 사라졌으니 진실과 양심을 찾아볼 수 없다.  우리 사회를 이끌어갈 지도층이 삶 전체를 무질서하게 분칠해 놓았으니 진실을 찾아볼 수 없고 양심 또한 사라지는 게 자연스러운 일이다.

무엇보다도 대쪽 같은 선비정신이 사라지고 말았다는 게 아쉽다. 내 어릴 때는 한문 시간이면 엄격한 한문 선생님이 가르치던 천자문 생각이 소록소록하다. 하늘 천(天) 따지(地) 가물 현(玄) 누를 황(黃) 집우(宇)……. 학교를 파하고 집에 와서도 저녁이면 할아버지의 사랑방에서 무릎 꿇고 앉아서 목청을 돋우며 반복하여 천자문을 읽었고 꼬맹이의 음성은 담장을 넘었다.

유교사상이 대를 이어 오고 가정교육이 으뜸이었는데 어느 날 안개처럼 사라져 버렸다. 인격의 완성을 위해 끊임없이 학문과 덕성을 키우며 세속적 이익보다 대의와 의리를 위해 목숨까지도 버리는 정신이 선비의 정신인데 요새는 그렇지 않다. 진실과 양심은 어데서 찾아볼 수 있을까. 다람쥐가 기억력이 둔해 겨울에 먹을 양식 도토리를 여기저기 저장해 두었지만, 어디에 숨겨 놓았는지를 몰라 여기저기 허겁지겁 찾는 것과 다를 바 없다.

진실과 양심을 어디에 숨겨 놓았는지 알 수가 없다. 나도 마찬가지다. 다람쥐처럼 오늘을 살아가고 있기 때문이다. 어느 깊숙한 곳에 진실과 양심은 용트림하고 있을지 부지런히 찾아보아야 하겠다.

# 처서(處暑)가 지났다

아침의 편지 카톡이 울린다. 휴대폰을 열 수밖에. 울산 막내 처제가 보내온 편지다. 오늘이 처서(處暑)라고 알려준다. 처가 쪽 형제들의 단체 카톡방이다. 모든 정보를 알뜰하게 챙겨주는 막내 처제의 활동이 하루를 살아가는 데 보탬이 되는 즐거운 시간이다. 요즘은 하는 일 없이 멍때리고 살아가는 허접한 늙은이의 사고에서 벗어나지 못하는 것 때문인가. 계절의 변화를 알리는 절기를 무심하게 지나친다. 절기에 관심이 없다는 것인가.

처서(處暑)는 24절기 중 열네 번째 절기로 처(處)는 물러가기를, 서(暑)는 더위를 의미한다. 여름의 끝자락을 알리는 처서(處

暑)는 더위가 물러간다는 절기인데, 며칠이 지나도 자리를 떠나지 않고 잔인한 여름의 무더위가 지구촌을 덮치고 있다. 처서(處暑)는 단순히 계절의 변화를 알리는 이상으로 다양한 문화적 농경사회의 의미가 있으며 이 절기를 중심으로 한 민속 풍습과 농사에 관련된 여러 활동이 존재하고 일상과 밀접하게 연관된 중요한 시기임을 알린다.

오늘 아내가 느닷없이 불쑥 내게 말을 건넨다. 처서(處暑)가 지나면 모기가 입이 비뚤어진다고 한다. 처서와 관련된 속담이다. 그러나 오늘도 아내가 알뜰히 가꾸고 있는 화단에 핀 꽃들을 살피다가 모기에게 물려 혼이 났다. 반바지를 입은 탓에 종아리 여기저기 제멋대로 침을 놓았다. 모기 입이 비뚤어지면 물지를 못한다고 했는데 8월의 태양이 아직도 기승을 부리는 탓인가 아직 모기의 입이 비뚤어지지 않은 모양이다.

덕분에 종아리에 울긋불긋 꽃을 수놓았다. 올해는 유난히 이상기후를 느낀다. 지구가 몸살을 하고 있다. 이로 인한 피해는 상상을 초월하고 있다. 지구를 살리자는 국제사회의 구호도 입발림이다. 탄소배출을 줄이자는 외침도 공 수레다. 모두가 생각 없이 환경을 파괴한 결과이기도 하다.

오늘도 빠짐없이 아침 걷기 운동을 한다. 하루도 거르지 않고 맨발로 황톳길을 걸어보는 소중한 시간이다. 발바닥에 닿는 짜릿짜릿한 느낌은 하루를 건강하게 보탬을 주는 활력소이다. 이른 아침인데도 후덥지근하다. 매미 녀석들은 열대야에 짓눌러 잠을 제대로 이루지 못한 탓인가 늦잠을 자는지 날갯짓을 하지 않는다. 아침 운동 덕분에 온통 땀범벅이다. 그래도 상쾌한 아침이다. 집에 돌아와 물 한 바가지 덮어쓴다. 시원한 물맛이다. 오늘은 꼭 가야 할 곳이 있다. 머리 손질을 하러 동네에 근처에 있는 정부 청사 이발관에 들리는 일이다. 요즘은 보안 문제로 들어가기가 까다롭다. 다행히 출입증을 교부받아 편리하게 이용한다. 이발을 마치고 나오려 할 때 갑자기 우렛소리 하늘 가르고 소나기가 요란스럽게 내린다.

소나기는 오래가지 않기에 한참 동안 기다린다.

아내로부터 전화가 온다. 우산을 가지고 내가 있는 곳까지 온다고 하기에 비가 그치면 갈 테니 오지 말라고 당부했다. 생각쏨쏨이 살갑다. 영감이 비 맞고 오는 모습이 안타까워서 오려 했던 모양이다. 한참 휴대폰을 뒤적거리고 있으니, 비가 그친다. 가랑비 정도로 내리기에 그냥 비 조금 맞고 갈 요량이다. 가랑비에 옷 젖는다는 이야기도 있지만, 뜨거운 태양의 열기가 다소 누그러지니 비 맞고 걷는 것도 좋을 듯하다. 비 맞고 걸어보면 사람 나름이겠지만, 감성을 느낄 수 있다.

나이 생각은 잠시 잊고 어린 시절 생각하고 걸으니, 추억이 새록새록 하다. 어린 시절 학교 수업 파하고 집으로 가던 중에 운 좋게 동네 아저씨 소달구지 얻어 타고 가다가 소나기 등줄기 때리던 그때 생각이 떠오른다. 그래도 좋았다. 소나기 맛이 얼마나 좋은지 까까머리들은 킬킬거리며 웃음을 참지 못했다. 동심의 세계는 역시나 밝고 아름다운 천성을 가진 모양이다.

일기예보를 들어보니 9월까지 더위가 그칠 줄 모른다는 이야기다. 가을이 와야 하는데 어쩔 수 없다. 가을 하면 우선 마음이 설렌다. 생각이 깊어지는 계절. 달 밝은 날 창가에서 울어대는 귀뚜라미 소리만 들어도 가을이라는 계절을 느낄 수 있지만, 올해는 그러하지 못할 것 같다. 가을은 누구에게나 감성이 깊어지는 계절이다.

그리운 이를 못 잊어 잠 못 이루고 뒤척이는 밤, 오동잎 지는 소리에 인생의 무상함을 느낄 수 있겠지만, 그래도 가을은 마음속을 조용히 들여다보는 사색의 계절, 감성의 계절이다.

계절은 오가는 것, 자연의 순리에 따라야 하지 않겠는가 싶다. 애써 기다릴 필요 없다. 오늘이 가면 또 내일이 올 것이니까. 오동잎 한잎 두잎 지는 가을이 저만큼 올 테니까. 더위야 물러서라 처서가 지났다.

## 추분(秋分)이 왔다

올여름의 무더위는 숨 죽일 줄 모르고 기세가 등등했다. 계절의 절기조차 모르는 체하고 가을의 소식을 전하지 못했다. 덕분에 가을이라는 계절이 지각을 한 것 같다. 처서(處暑)가 지난 지가 한 달이 되어도 가을의 느낌을 느끼지 못하고 추석(秋夕)에도 무더위가 그칠 줄 몰랐다. 추석(秋夕)을 지나 5일 후에 추분을 맞고 겨우 무더위가 한 풀 꺾였다.

다행히 절기가 제대로 제정신을 찾아준 것 같다. 오늘이 추분(秋分)이다. 추분은 24절기의 하나로 열여섯 번째 절기로 양력으로 9월22일, 음력으로는 8월 20일이다. 8월의 절기다. 이 시기부터 낮의 길이는 짧아지고 밤의 길이가 길어진다. 농사력에는 추수기에 해당하며 백곡이 풍성한 때이다. 추분이 지나면 우렛소리 멈추고 벌레가 숨는다. 옛 문헌에는 이 시기의 징후를 셋으로 표현하여 우렛소리가 그치고 동면할 벌레가 흙으로 창을 막으며, 땅 위의 물이 마르기 시작한다고 했다.

 올해는 지구 곳곳에서 이상기온으로 많은 인명피해와 재산 피해가 있었다. 옛 어른들은 기후가 좋지 않으면 하늘이 노했다는 말을 들을 수 있었다. 이 이야기는 인간의 잘못으로 하늘이 벌을 주는 것으로 이해해야겠다. 지구촌이 몸살을 하는 것도 무분별한 자연 파괴의 결과물이 아닌가 싶다. 자연히 농경사회가 그립다는 생각이다. 자연환경이 좋았을 것은 물론이며 인심이 풍요로운 사회였으니 하늘이 노하지 않았을 것이 아닐까 하는 생각을 해본다. 답답해서 넋두리 한번 해보았다.

 고도로 발달한 과학이 인간을 해치는 결과를 가져오기 때문이다. 심각해지는 지구의 온난화를 조금이라도 막기 위해 늦게나마 EU 수출 중소기업 탄소중립 촉진법을 제정하려 한다. 녹색 생활 실천 탄소중립 생활 실천 문화 확산을 위하여 다양한 민간 기업의 친환경 활동 이용 시 실적에 따라 인센티브를 지원하는 제도를 마련하여 깨끗한 환경과 지구를 살리자는 운동을 하는 게 그나마 다행스럽다. 문득 노아의 방주가 떠오른다. 인류 창조 이후 인류의 선조들이 나날이 포악해지므로 하느님이 홍수를 내려 인류를 멸망시키려 했다. 다만 의로운 사람 하느님을 따르는 노아와 그 가족들은 심판에서 면하게 되었다. 성경의 족보를 바탕으로 한 연대기 상으로 노아의 대홍수가 BC 3,043경 또는 BC 2,455경에 발생했다고 한다.

 이를 미루어 볼 때 요즘 일어나고 있는 일련의 지구촌 사태가 심각하다는 생각이 앞선다. 탄소배출을 줄이고 노아의 홍수 사태를 막아야 할 것이 아닌가 싶어서다. 기상청에서는 다가오는 올겨울은 매우 추운 겨울을 맞을 것이라는 예보를 했다. 여름은 길고 무덥고 가을은 짧고 겨울에는 매서운 한파가 온다고 하니 걱정이 앞선다.

 이제는 올 때까지, 왔다는 바보 같은 생각을 해본다. 지구를 떠나려는 생각 인가, 달 탐색도 하고 목성, 금성까지 다른 별을 찾으려 우주선을 발사한다. 우주를 탐색하려는 과학의 노력이 겠지만, 사람이 살아갈 수 있는 곳을 탐색하려는 수단으로 보인다. 미래에는 어떤 일이 일어날지 누구도 알 수 없다. 한 치의 앞을 생각지도 않은 인간들은 편리함을 추구하다 보니 하늘이 노하고 있는 것 같다. 때아닌 여름의 무더위가 가을을 침범했으니 당연히 가을은 짧아질 수밖에 없지 않겠는가.

 사치스러운 생각이 앞선다. 올 단풍 구경은 제대로 할 수 있으려나, 예년 같으면 10월 1일쯤이면 설악산 대청봉에 단풍색이 물들었는데 기대해야 할지, 기상대에서는 지방별 단풍이 드는 시기를 지도를 통하여 알려주지만, 기대치가 별로 없다는 게 나의 생각이다.

그러나 농경사회에서 절기를 중요시하고 지금까지 살아왔기에 절기를 믿어보아야겠다. 추분(秋分)이 오니 날씨가 하루 만에 바뀌는 게 신기해서다. 추분(秋分)이 가을의 무더위를 해결해 주었기 때문이다. 날씨가 무더워 바깥출입을 하기 어려웠는데 추분(秋分)날은 한 편의 드라마를 보는 듯 날씨가 갑자기 변했기 때문이다.

하늘이 높고 하늘색이 파랗고 청명한 아침을 맞이했기 때문이다. 빨간 고추잠자리가 아내가 가꾸고 있는 화단에 날라 왔다. 오랜만에 만나보는 고추잠자리를 보니 문득 어릴 때 생각이 떠오른다. 이제야 가을이 왔구나! 하는 생각에 괜히 가슴이 설렌다. 어디론가 무작정 떠나보고 싶은 감성의 계절, 가을은 남자의 계절이기 때문이 아닌가 싶다. 추분(秋分)의 고마운 절기에 고맙다고 꾸벅 절 한번 해야겠다.

## 7월이 가고 있다

 아침 6시를 알리는 요란한 일림 소리에 잠을 깬다. 우선 아침 스트레칭을 한다. 10여 분의 간단한 몸 풀기를 하고 매일 다니는 산책길로 아내와 함께 나선다. 이 시간쯤이면 매미 녀석들의 날갯짓 소리가 요란하게 부산스러운데 오늘 아침에는 한 마리도 울지 않고 조용하다, 웬일인가 궁금할 수밖에, 이른 아침에 온 동네를 떠들썩하게 하는 매미 소리에 아침을 맞이하면 생동감을 느끼었는데 오늘은 여름날이 아닌 밋밋한 아침이다.
 아침마다 들리는 아파트 화단에 아내가 올봄부터 정성 들여 키우고 있는 꽃들이 반색을 한다. 채송화, 백일홍, 봉숭아, 금화

규, 메리골드 등 다수의 꽃들이다. 올봄에는 많은 꽃들이 피어 주민들의 눈을 즐겁게 했는데 7월이 가는 것 때문인가. 여름꽃들이 많이 보이지 않는다.

가을을 기다리는 코스모스와 국화가 때를 기다리고 있다. 그중에서 내가 아끼고 키워온 수련꽃이 입술을 열고 환하게 반겼는데 웬일인지 얼마 못 가서 고개를 떨구어 속상했는데, 며칠 전 꽃 한 송이가 다시 입술을 봉긋이 열더니 오늘은 화사하게 웃음 짓는다. 끈질긴 생명의 한 장면을 보는 순간이다.

오래도록 피워주기를 기대하며 집을 나선다. 동네 주변을 한 바퀴 돌 수 있도록 구청에서 조성한 황톳길이다 보니 대부분 맨발로 건강을 다진다. 건강에 딱 좋은 산책길이다. 주민들의 건강을 위해 조성해 주신 관련기관과 애쓴 모든 분들에게 두고두고 감사해야 할 일이다. 중간 중간에는 간이 운동 기구도 설치되어 있고 밤이면 등불이 숲속 오솔길을 은은히 비추어 분위기가 고즈넉한 길로 변한다. 20여 분을 걷다 보면 정부종합청사 공원과 만난다.

짓고 푸른색이 7월의 마지막 날이라고 해서인가 더욱 푸르다. 잘 가꾸어진 숲속의 공원이다. 낙우송 터널을 지날 때면 상큼한 나뭇잎 냄새가 가슴속 깊이 파고든다. 낙우송에서 품어내는 신선한 산소를 마시는 호강도 해본다. 넓은 잔디밭을 깎아서 인가 덕분에 상큼한 잔디풀냄새가 코끝에 머물고 배롱나무(백일홍)

가 붉게 화장을 하고 산책하러 온 주민을 반긴다. 공원 옆쪽에는 유치원이 있고 꼬맹이들이 체험할 수 있게 각종 동물들을 키우고 있다.

그중에서 별난 녀석이 있다. 장닭이다. 길게 목을 쳐올리고 회치는 소리가 공원의 아침을 깨운다. 도심에서 들을 수 없는 장닭 소리다. 여기가 도심인가 시골인가 묘한 기분이 머리를 스친다. 어쩌다 운 좋아 들어보는 녀석의 회치는 소리가 어릴 때 뛰놀던 시골 고향 생각으로 이어진다.

올해의 장마는 유별스럽게 많은 비가 쏟아졌다. 기상이변으로 온 세계가 물난리를 맞았고 지구촌이 몸살을 한 7월이었다. 모두가 인간들이 만들어낸 재앙이다. 한 치도 앞을 보지 못한 인간들이 무자비하게 지구를 지금도 파괴하고 있다. 가옥이 침수되고 교량도 끊기는 혹독한 7월이 시방 가고 있다. 재난을 맞은 주민들의 마음은 속이 까맣게 타들어 갈 것이며 30도를 오르내리는 여름의 더위에 고달픈 하루를 보낼 것이 아닌가 싶다. 빠른 복구를 빌어본다.

7월은 청포도가 익어가는 계절이다. 몇 년 전 발간한 수필집에 내 고향 7월은 청포도가 익어가는 시절이라고 기고를 했었다. 내 고향이 안동이기 때문이다. 고향 친구가 이육사 문학관 관장이기에 초대를 받아 육사선생의 생가에서 하루를 지내던 밤, 대청마루에 켜진 알전구에 나방이들이 제 세상만 난 듯 맴돌고, 이육사 선생의 고명딸인 이옥빈 여사와 차 한잔하던 기억이 어제 같다. 그래서인가 유별나게 7월이 오면 청포도의 고향 생각이 나며 지금도 출판한 수필집에 있는 수필, 내 고향 7월을 사랑하고 있다. 한참을 걷고 집으로 되돌아온다. 온몸이 땀투성이다. 그래도 즐거운 아침 시간이다. 공원을 나오니 또 다른 세상을 만난다. 질주하는 차량의 소음과 앞을 가리는 아파트가 성가시다. 현관문을 열자 귀여운 몰티즈 녀석이 꼬리를 흔들며 재롱을 부린다. 귀여운 녀석들 머리를 쓰다듬는다. 7월이 가는 마지막 날의 아침 풍경이다.

# 탈북 엄마의 눈물,
## 비욘드 유토피아

아내와 함께 운동 삼아 대전에서 유명한 수목원에 들른다. 봄, 여름, 가을은 풍광이 좋아 눈 둘 곳을 모를 정도로 아름다운 공원이다. 집 주변에 이렇게 좋은 공원이 있다는 게 내겐 큰 행운이다. 토요일, 일요일이면 가족 단위로 많은 사람들이 모여 하루를 즐길 수 있는 곳이다. 지금은 겨울철이라 평일에는 조용하지만, 공휴일이면, 많은 사람이 찾아온다.

비록 앙상한 나뭇가지만 있고 떨어진 낙엽이 이따금 찬바람에 날려 바스락대며 뒹굴지만, 잠시 겨울 속에서도 지난날의 낭만도 만나본다. 낙엽이 댕그르르 뒹굴면 웃음을 참지 못했던 어린

여학생들의 표정이 생각나기 때문이다. 쭉쭉 뻗은 나뭇가지를 보노라면 그런 데로 생의 의미를 찾을 수 있고, 앙상한 나뭇가지에서 겨울날의 누드를 만나보는 것도 겨울의 독특한 아름다움이 아니겠는가 싶다. 산책을 마치고 돌아오는 길에 공원 내에 있는 커피숍에 들러 달콤하고 따끈한 가밀라 라테 커피 한잔한다.

젊은이들은 늙은 부부가 커피숍에 들어오는 게 낯설어 보이겠지만, 늙을수록 곱게, 멋스럽게 늙어가는 것을 보여 주는 것도 멋있는 일이 아니겠는가 싶다. 노인들을 홀대하는 세상이고 삼강오륜(三綱五倫)이 박물관에 보관되어있는 세월 속에서 그나마 멋 한번 부려보는 것도 가슴 후련한 생각이다. 오랜만에 찾은 커피숍이다. 젊은 시절에는 먹고살기에 바쁘다는 핑계로 오늘처럼 여유 있고 호젓한 시간을 가져보지 못했는데 지금은 살만한 탓인가, 조금은 여유 있는 시간을 부부가 함께 가져보아야겠다는 생각이다.

힘들었던 지난날 생각하면 아내에게 조금은 미안한 마음이 슬그머니 찾아온다. 커피를 마시고 나오다가 불쑥 신문을 사겠다는 생각이나 신문 가판대에서 조선일보를 샀다. 요즘 세월에는 TV, 신문 등을 많이 보지를 않은 것 같다. 전자과학의 발달로 휴대폰에서 모든 정보를 찾아보기 때문이다. 옛날 같으면 가정에 있는 편지함에 신문이 빼곡하게 꽂혀 있었는데 요즘은 신문 구경을 할 수 없다. 집에 와서 신문을 펴 본다. 국회의원 선거가 몇 달 남지 않아서 인가, 국민의 뜻을 생각하는 기사는 보이지 않고 온통 상스러운 이야기만 널려있다. 대충 훑어 지나치다 시선이 가는 곳이 있다. 2024년 1월 22일 월요일 주간지 조선일보에 게재된 기사이다. 북한 주민의 험난한 탈북 과정을 생생하게 다룬 다큐멘터리 비욘드 유토피아를 기사화했다.

국제영화상까지 받은 다큐멘터리 "비욘드 유토피아"가 19일 (현지 시각) 미국 워싱턴DC의 국무부 청사에서 상영되었다 한다. 비욘드 유토피아를 믿고 살아온 북한 주민이 늦게나마 현실을 알고 북쪽 땅에서 탈출하려는 사람들의 목숨을 건 위험한 여정의 이야기를 담은 탈북 인권 다큐멘터리이다. 중국, 베트남, 라오스, 태국을 거쳐 한국으로 탈출한 한 가족과, 북한에 있는 아들을 한국으로 데리고 오려는 어머니의 눈물겨운 사연을 담았다 한다.

이 와중에서도 탈북을 도와주는 브로커는 주위를 맴돌며 길을 잘못 들어섰다고 하며 돈을 더 요구한다는 이야기도 있다. 이런 상황에서도 돈을 챙기려는 이들 브로커는 짐승만도 못한 인간쓰레기들이라는 생각을 떠올릴 수밖에 없다. 생과 사를 넘는 과정에서도 인간성을 상실한 이들의 머릿속에는 무엇이 담겨 있을까. 촬영 당시 두 가족의 탈출 성공 여부는 제작진도 모르는 상태였다 한다. 탈북 과정을 휴대폰으로도 촬영하고 일부 경로에는 동행한 촬영진의 카메라로 처절한 탈북 과정을 기록했다 한다. 미국 독립영화계에서 주목받는 매들린 개빈 감독이 연출한 이 영화는 지난해 선댄스 영화제 관객상을 받았고, 시드니 영화제에선 최우수 국제 다큐멘터리 관객상을 받았다 한다. "아들, 벌레 주워 먹어서라도 살아주길" 탈북 엄마의 절규가 담겨있는 화제의 영화는 이달 31일쯤 개봉한다고 한다.

  분단 민족의 가슴 아림을 예술로 승화시킨 다큐멘터리, 비욘드 유토피아를 잠시 생각해 본다. "아들 벌레 주워 먹어서라도 살아주길" 탈북 어머니의 절규가 귀에 들릴 듯 말 듯 한 시간이다. "비욘드 유토피아"가 무엇인지…….

# 태극기 사랑

아침 6시를 알리는 알람 소리에 잠에서 깨어난다. 오늘은 제78주년 광복절이다. 일어나자, 태극기를 게양한다. 아침걷기운동을 하러 가다가 내가 사는 아파트에 태극기 게양한 집이 얼마나 되는지 살펴보니 눈에 띄지 않는다. 한참을 살펴본다. 손꼽아 세어보니 고작 일곱 세대가 눈에 보인다. 얼른 경비실에 들러 태극기 게양을 하자는 방송을 부탁했다. 요즘은 각종 경축일에는 모두가 태극기 사랑에 무심하다. 일본제국에 나라가 침탈되어 숨도 제대로 고르지 못하고 상투 자르는 것은 물론 창씨개명까지 한 우리민족이 아니었던가. 지나가면 까맣게 잊히는 게 오늘을 살아가는 우리의 모습이다. 무수한 독립 애국자는 피 흘리며 광복 운동을 하였고, 미국의 덕분에 일본 천황은 방공호 속에서 죽어가는 목소리로 미국에 항복하게 되어 광복의 기쁨을 갖게 된 것이 아닌가 싶다. 광복절을 기념하는 오늘인데 모두가 관심 없어 보인다. 공휴일이니까 가족 단위로 여행을 가는 것이 고작이다. 내일의 대한민국이 어떻게 변할지 두고 볼 오늘의 현실이 안타깝다. 혹자는 늙은 영감탱이가 호랑이 담배 피울 때 생각이라고 핀잔을 줄 수 있을 수도 있겠지만, 오늘의 현실은 그러하지 않다는 생각이다.

 이번 광복절은 두 쪽으로 갈라진 기념식이다. 우파 좌파가 마주 보고 달리는 기차의 맞닥뜨리는 모습을 보였고 두 얼굴을 가진 오늘의 현실이 거짓과 진실이 오버랩(overlap) 되는 모습이다. 태극기 사랑이 저 멀리 사라졌다는 모습이 안타까울 뿐이다. 재직 시 미국 여행을 한 적이 있다. 미국 국민들은 각종인종들이 모여 만들어낸 아메리카 미합중국이다. 각양각색 인종이 모인 국가이지만, 성조기에 대한 애착심은 남다르다.

 미국의 힘은 어데서 나오는 것일까. 성조기에 있다. 비가 오나 눈이 오나 1년 내내 성조가가 대문에 게양되고 있다. 각주마다 검문소 입구에는 커다란 성조기가 펄럭인다. 우리도 한때는 애국이나 애족의 마음이 정신 교육으로 길러질 수 있다고 믿던 시절이 있었다. 초등학교에서 중등학교에 이르기까지 미술 시간에는 태극기를 그리며 나라 사랑을 위한 교육이 철저했는데 민주화 덕분인가 언젠가 슬며시 사라져 버렸다.

　자유민주주의가 넘쳐흘러 국가관이 빗물에 흘러 강으로, 바다로 쓸려 간 지 오래다. 인간에게는 필수적인 게 인성교육이다. 인성이 좋아야 건강한 사회를 이룰 수 있고 건강한 국가가 될 수 있다. 오늘 우리의 교육은 어떤가. 유아교육부터 경쟁의 교육이다. 좋은 대학에 보내기 위해 학부모들은 가정교육은 뒷전이다. 인성교육은 밥상머리 교육인데 현실은 받아들이지 않고 있다. 개인주의가 팽배해진 오늘의 우리 사회는 경쟁의 길, 고통의 길을 걷고 있다.

　대쪽 같은 선비정신이 박물관에 보관된 지가 오래고 폐기 처분이 된 것 같다. 일부 정치인들은 국가관이 없다. 쓸데없는 "비욘드 유토피아"세계를 꿈이나 꾸듯이 망상에 걸려 자유민주주의 사회를 부정한 행태를 보이고 있다. 삐뚤어진 사상과 이념이 무엇이기에 경축해야 할 광복절을 두 얼굴로 만들어 놓았으니 길 잃은 노숙자가 된 광복절을 맞이했다. 이를 어떻게 바로 세울 것인가. 우리들의 건전한 사고에 있다는 생각이다. 폐기 되어야 할 쓰잘머리 없는 이념과 사상의 골 깊은 갈등이 70여 년의 세월이 흘렀지만, 아직도 정체된 오늘이다.

　이념과 사상이 무엇인지. 버리지 못하고 애완용 강아지 키우듯이 소중히 여기는 것은 무엇 때문인가. 이념과 사상을 강제할 수 없는 사회. 자유민주주의라는 제도 덕분인가 싶다. 이제는 진정한 자유민주주의를 다시 제자리로 되돌려 놓아야 할 책임과 의무가 있는 사회가 될 때다. 덧없는 세월 속에 서도 영광스러운 8월이 갈까 아쉬워 인가. 붉게 치장한 배롱나무가 지나치려는 나의 발목을 잡는다.

   태극기의 사랑은 언제 어데서 찾아볼 것인가를 시방 내게 묻고 있다.

## 팔월의 둥근달

　　　　　　　　　　　더도 말고 덜도 말고 늘 한가위만 같아라. 오늘이 추석이다. 오곡이 무르익는 추석날 아침, 동네 황톳길을 산책하고 돌아온다. 평소에는 많은 차들이 도로를 질주했는데 지나치는 차들이 가끔 지나고 있다. 우리 최대의 명절 추석을 지내려고 고향을 찾은 것 때문인가 싶다. 추석에는 일가친척이 고향에 모여 함께 차례를 지내고 성묘를 하는 전통이 우리에게 있다.

　이 때문에 해마다 추석이 오면 국민의 75%가 고향을 방문하기에 전국의 고속도로가 정체되고 차량은 꼬리에 꼬리를 물고 움직인다. 열차표를 일찍 예매하지 않으면 낭패를 보기에 전쟁이 아닌 민족 대이동 전쟁을 치르게 된다. 고향으로 가는 길은 멀고도 먼 것 같다. 고향 하면 나도 모르게 가슴이 울컥한다. 여우도 죽을 때는 태어난 곳을 향해 머리를 향한다고 한다. 하물며 인간은 고향에 대한 애착심은 너 나 할 것 없이 다를 수 없다는 생각이다. 유교의 핵심은 인간 행위의 기본이자 모든 덕의 으뜸으로 삼고 있는 것이 효(孝)의 사상이다.

유교의 제사 의식은 자손들이 죽은 이를 생사와 같이 정성껏 섬기려는 효성의 상징적 표현이다. 우리 집에는 명절이라도 찾을 곳 없고 찾아오는 이 없다. 모두가 멀리 떨어져 살고 있기에 찾아볼 수가 없다. 식구라야 세 명이다. 아들 녀석은 해외에서 살고 있기에 추석이라고 비행기 타고 올 수가 없고 아내와 딸 세 식구뿐이니까 무덤덤한 명절을 맞이할 수밖에 없다.

그래도 어제는 농수산물 센터에 가서 배낭 가득히 추석 장을 보았다. 마침, 복장이 승려들이 입고 있는 회색 옷과 비슷한 개량복이다 보니 바랑을 걸머메고 가는 스님 모양으로 보였는지 아내가 뒤따라오며 명재(銘齋)스님 하고 놀려준다. 명재(銘齋)는 나의 아호이다. 간만에 들어보는 아호라서 인지 듣기가 좋다. 뒤돌아보며 씽긋이 웃어본다.

늘그막 한 나이에 오손도손 주고받는 농담이 싫지는 않다. 9월의 무더위가 장난이 아니다. 35도를 오르내리는 무더위에 짜증이 날 수밖에 없다. 집에 오자마자 등줄기에 시원하게 물줄기를 뿌린다. 옛날 같으면 아내가 등물 쳐 주었지만, 요즘은 어림 없는 이야기다. 이것 역시 세월의 변화다. 몇 일전 동네 부동산 사장에게 선물 받은 밤을 보고 가을이 왔구나 싶었지만 그래도 농촌의 풍광이 그리웠는데 때맞추어 논산이 고향인 지인이 고맙게도 농촌 풍경을 카톡으로 보내왔다. 청명한 하늘의 구름이 좋고 누렇게 익은 벼가 고개를 숙이며 겸손의 모습으로 걸어오는 듯하다.

결실의 계절, 가을이 온 것은 사실이지만, 기온이 35도를 오르내리니 가을이 오지 않았다는 사실에 방점을 찍어본다. 도심에서 살다 보면 농촌의 풍광을 볼 수가 없기 때문이다. 고맙다는 인사를 카톡으로 전한다. 옆집에서는 차례를 지내고 자녀들이 귀경할 채비를 한다고 부산하다. 다른 집도 마찬가지다. 먼 길을 찾아 부모님이 계신 고향에 찾아와서 부모님 얼굴 한 번 뵙고, 하룻밤을 지내고 서둘러 떠나야 하는 게 오늘의 생활이다.

내일이면 생활전선에서 가족의 생계를 위해 굵은 땀을 흘려야 하기 때문이다. 자식 온다고 부산하게 음식 준비를 하던 어머니의 마음은 야속하다는 생각이 들겠지만, 그래도 이것저것 한 보따리씩 챙기는 모습은 예나 지금이나 변함이 없다. 어머니의 따스한 치마폭 냄새가 담겨있는 사랑의 냄새가 가득할 것이다. 젊음은 영원한 것이 아니다. 지금 부모님을 뵙고 돌아가는 젊은이들도 머지않아 자녀들 시집, 장가보내고 명절날 자녀들을 기다리는 부모가 되는 것은 기정사실이다. 자연이 순환하는 하늘의 법칙이기 때문이다.

  오늘 하루도 잘 살았다. 창조주께 감사드리며 팔월 한가위의 둥근달이 온 누리에 비추어 모두가 복된 명절이 되길 기원해본다. 기상청 예보를 들어보니 한 주일만 지나면 시원스런 바람이 옷깃을 여미는 가을이 온다고 했다. 무더위가 지나면 오동잎 떨어지는 가을밤, 귀뚜라미 울음소리 곁들이며 가을밤을 품어 볼 생각이다.

  유튜브를 열어본다. 최헌의 노래 오동잎을 꾹 눌러본다. 오동잎 한잎 두잎 떨어지는 가을밤에…… 가을은 정말 오고 있는가. 1년 열두 달 365일 더도 말고 덜도 말고 늘 한가위만 같아라.

# 하얀 눈(雪)이 내렸다

아침에 일어나 보니 사방이 하얗다. 오랜만에 겨울 손님이 밤새 찾아와 소복하게 눈이 쌓여있다. 도시의 눈 풍경은 그리 달갑지 않다. 쭉쭉 뻗은 아파트에 내린 모양은 을씨년스럽다. 거리를 지나치는 자동차들은 굼벵이 걸음이다. 문득 옛 생각이 나 바깥으로 나가 하얀 눈을 한 움큼 쥐어본다. 손바닥에서 지난날의 추억을 만지작거려보는 것도 오랜만의 일이다. 창문 앞 나무에 손님이 찾아왔다. 하얀 눈이 내려앉은 나뭇가지에 까치가 날아와 재롱을 피운다. 얼른 카메라를 챙겨 녀석들을 담아본다. 좋은 일이 있으려나. 아침에 까치가 날아들면 좋은 일이 생긴다는 옛 어른들의 말씀이 생각이 나서다. 꼬맹이들은 신바람이 났다. 오랜만에 만나보는 눈이기에 놀이터가 부족하고 분주하다.

문득 생각이 난다. 강 건너 산마을에서 아침 짓는 연기가 굴뚝으로 모락모락 피어오르는 지난 추억이 아른거리고, 반쯤 열린 사립문에 하얀 눈이 내려앉은 모양은 서정적이었다. 나지막하게 엎드려있는 초가집 지붕에는 하얀 눈이 수북하게 덮여있고, 처마 끝에는 고드름이 매달린 모양은 오래도록 추억으로 남아 있는 것 같다. 소박한 우리들의 옛 정서가 아닌가 싶다.

마당에는 멍멍이 녀석이 무엇이 그리 좋은지 깡충거리며 좋아했다. 자칫하면 꼬리가 떨어져 나갈 듯이 흔들던 그때의 기억이 눈 내리는 날이면 문득 떠오른다. 추억은 좋은 것이고 또 한편은 생각조차 싫은 추억도 있을 터. 그래도 추억은 나의 감성을 촉촉이 배어 나오게 한다. 잊히지 않은 게 추억이다.

내일이 설날이다. 우리 민족 명절 중 설날만큼은 빼놓을 수 없다. 옛날 같으면 복조리 장수가 골목을 돌아다니며 복조리 사령하고 외치고 다녔는데 요새 세상은 복조리 장수가 보이지 않는다. 전통적으로 내려온 우리의 소박한 명절 문화였는데 현대라는 세상이 모두를 지워버렸다. 섣달, 그믐날에만 만나볼 수 있는 소중한 민속 문화는 대를 이어 내려가야 하는데 우짠 일인지 아쉽기만 하다.

현대라는 문화가 그리 썩 좋지는 않은 것 같다. 그나마 다행인

건 설날이면 타향에서 고향을 찾는 일이다. 형제가 함께 모여 부모님께 세배를 드리는 전통이 아직 살아 있다는 게 흐뭇다. 고향 찾는 길은 멀고도 먼 여정이다. 그래도 지칠 줄 모르고 고향을 향한다. 고속도로에는 차량이 꼬리에 꼬리를 물고 있다. 아름다운 우리 민족의 정서다.

고향은 잊을 수 없는 것은 누구나 내가 태어난 고향의 애정이 남다르다는 생각이다. 오랜만에 시골집에는 아무리 각박한 세상이고 적막강산이라 하지만, 설날만큼은 어린이 웃음소리가 담장을 넘고, 재롱부리는 손주, 손녀의 모습을 보는 부모님에게는 더 행복한 건 없으리라는 생각이다.

가족이란 이래서 좋은 것 같다. 핵가족 시대가 되고 보니 오손도손 함께 살기가 어렵지만, 오랜만에 만나보는 정은 더 훈훈하게 느껴질 것이라는 생각이다. 때마침 카톡이 올린다. 반가운 소식인가 열어보니 멀리 서울에서 외사촌 여동생이 보내왔다. 하루가 멀다 않고 안부를 전해주는 마음 씀씀이 살갑다. 나이 많은 오빠의 안부를 확인하는 일이다. 내용이 설날에 맞는 내용이다.

복(福)이라는 주제가 재미있다. 한 해가 바뀌면 첫 번째 인사가 새해 복(福) 많이 받으라는 문구가 일상화된 용어지만 싫지는 않다. 우리나라 사람같이 복(福) 많이 받은 사람은 없단다. 1월 1일이면 신년(新年)이라고 "새해 복 많이 받으시라"하고 다음에 설날이 돌아오면 또 복(福) 받으라며 여러 곳에서 복(福) 덩이를 내미니 복 터져 죽을 지경이란다. 옛날에는 복(福)을 베고, 자고, 걸어 놓고 살았다. 어머니들이 수놓은 베개 양쪽에 복(福) 자를 수놓았고 돗자리나 방석에도 어김없이 복(福) 자 문양을 했다.

복(福)은 우리에게 제일 좋은 선물이 아닌가 싶다. 요새는 그렇게 많은 복(福)들이 어디로 가 버렸나 궁금할 수밖에 없다. 을사년(乙巳年) 올해도 복은 오려나? 온 나라가 시끄럽다. 정치적 혼란이 민생의 생활을 어렵게 하고 근심스러울 뿐이다. 을사년(乙巳年)은 청색 뱀이라 하여 좋은 해라고 하지만, 뱀은 간사한 미물이다. 조심조심하는 게 상책이다. 카톡방에는 여기저기서 복(福) 받으라는 문자가 가득하다. 나도 지인에게 복을 나눠 드리는 게 도리가 아닌가 싶다. 금년에도 무탈무병하시고 가정에 복(福) 가득하시길 전해본다.

기상청에서는 내일 설날에도 많은 눈이 내린다고 한다. 하얀 눈이 복을 여기저기 가져다준다기에 한 움큼 또 쥐어보고 하얀 눈 내리는 겨울의 풍광을 화첩에 담아볼 생각이다.

## 홍시가 알알이 달려있다

얼마 전 시골에 내려왔다. 11월도 어느덧 마지막 날짜를 만지작거리며 가을을 지우려 한다. 올해는 변덕스러운 날씨로 가을다운 가을을 느끼지 못했지만, 창 너머 먼 산은 가을 색을 아직 입고 있다. 짧다고 느껴진 가을은 나름대로 멋을 잃어버리진 않은 것 같다. 아침에 일어나 마당으로 내려온다. 길게 기지개를 켜고 시원스런 아침 공기를 마시며 스트레칭을 한다. 노화를 조금이라도 늦추어 보려는 속셈에서다. 그간 처제가 잘 가꾸어 놓은 꽃밭을 살피고 밤새 떨어진 낙엽을 치우려고 빗자루를 들었다. 오랜만에 들어보는 마당 빗자루다. 도시생활을 하다 보니 빗자루 들고 마당을 쓸어볼 일이 없어 빗자루를 잊어버린 지가 오래다. 오랜만에 만져보는 빗자루의 감촉이 어린 날을 생각하게 한다.

이른 아침 대문을 활짝 열고 마당을 쓸고 골목길까지 쓸고, 곁들어 물 한 바가지 들고 먼지 나지 말라고 물을 뿌려보던 생각이 떠오른다. 할아버지의 칭찬에 싱글벙글 웃어본 게 얼마나 되었는가. 그때 생각이 오늘따라 손에 잡힐 듯하다. 빗자루와 낙엽이 만들어낸 소소한 이야기는 우리의 마음을 감성의 늪으로 끌어드리는 것이 계절 탓인 것 같다.

마당을 쓸고 보니 사방이 훤하다. 아침 밥값은 한 셈이다. 마지막까지 깔끔하게 정리하는 게 나의 성품이라 낙엽과 쓰레기가 수북이 쌓인 것을 구들방 아궁이에 집어넣고 불쏘시개로 불을 붙인다. 계절이 벌써 겨울 채비를 하려는지 날씨가 다소 서늘하다. 아궁이 불이 산산했던 몸을 따뜻하게 해준다. 고마운 녀석이다. 문득 박인희의 모닥불 노래 생각이 난다. 모닥불 피워놓고 마주 앉아서…… 말없이 사라지는 모닥불 같은 것. 인생은 모닥불 같은 것인가.

감나무에는 붉은 감이 주렁주렁 매달려 있다. 농촌 아니면 볼 수 없는 풍광이다. 홍시가 되어 보이는 듯하지만, 너무 높아 따먹기에는 그림의 떡이다. 그래도 욕심이 생겨 긴 장대를 찾아보았으나 보이지 않는다. 시골에서는 흔한 게 감이라 선가 대부분 무관심이다. 저걸 어쩌나? 달콤한 홍시를 볼이 터지도록 한입

물어볼 생각이지만 뜻대로 되지 않는다. 뒷집 역시 마찬가지다. 감나무에 홍시가 알알이 달려있지만, 할머니 혼자 살고 계시니 쳐다보기만 할 수밖에 없다.

찾아오는 사람 없고 따 줄 사람 없다. 옛날 같으면 이웃 품앗이하여 도와주었지만 요새 세상의 인심은 도시나 농촌이나 풍요로울 수 없다. 나지막한 단감나무에는 감이 보이지 않는다. 그간 처제가 부지런히 따서 대전 우리 집에 보내왔기 때문이다. 무, 상추, 감자. 고구마 등이 현관문 앞에 가득했다. 택배 기사가 속으로는 욕깨나 했을 것 같다.

오랜만에 흙도 만져본다. 마당 한쪽에는 텃밭을 일구고 꽃밭도 만들었다. 지금은 국화꽃이 만발이다. 꽃을 유별나게 좋아하는 아내와 처제가 정성 들여 가꾼 덕분에 나의 눈이 호사를 한다. 내친김에 잡초도 뽑고 주변을 알뜰히 정리한다. 아침 먹을 시간이다. 오랜만에 몸을 쓴 탓인가 밥맛이 좋다는 느낌이다. 도시 집에 있으면 할 일이 없다. 기껏해야 아침 산책뿐이고 하루 종일 방안에서 스마트 폰을 껴안고 쓰잘머리 없는 유튜브를 듣는 게 일상이니 딱히 몸을 쓸 일이 없는 게 당연하다. 어쩌다 오래도록 책장에 갇혀있던 책을 꺼내어 뒤척여 보는 게 하루의 일과다.

지난달에는 시골집의 창틀을 이중 창문으로 바꾸었다. 오래된 집이라 외풍도 있어 겨울 지내기가 힘들기에 큰맘 먹고 새로

이 단장을 했다. 여름 내내 집을 돌보고 있던 처제가 올겨울을 따스하게 보내며 시골집을 다독거려 줄 것을 기대한다. 이번에 내려와 보니 외풍이 없어 다행스러웠다. 12월 중순에는 김치를 이곳에서 담근다고 처제와 의논을 한다. 무려 백여 포기를 담아 이곳 처가 식구들과 나눌 샘인 것 같다.

 아내와 처제의 마음 씀씀이 살갑다. 주머니 열 사람은 나인데. 그래도 좋다. 늘그막에 인심 한번 쓰는 것도 복 받을 일이다 싶다. 그날만큼은 사람 사는 냄새가 풍성할 터이니까 덤으로 미니 전기 히터도 들여놓았다.

 대전 집에는 서재와 화실을 함께 사용하고 있어 불편했는데 다음에는 이곳에서 그림을 그리며 화실로 사용할까 한다. 아파트 숲 속에서 벗어나 좋은 공기 마시며 붓질하는 것도 노후를 곱게 장식할 거라는 생각이다. 마당 이곳저곳에는 홍시가 제 무게를 이기지 못해 가끔 뚝뚝하며 떨어진다. 오늘 밤에는 홍시 떨어지는 소리에 가을을 품고 잠자리에 들어야 할 것 같다.

내 마음 둘 곳은

# 내 마음 둘 곳은
## 이준희 수필집

| | |
|---|---|
| 발 행 일 | 2025년 4월 17일 |
| 지 은 이 | 이준희 |
| 발 행 인 | 李憲錫 |
| 발 행 처 | 오늘의문학사 |
| 출판등록 | 제55호(1993년 6월 23일) |
| 주 소 | 대전광역시 동구 대전로 867번길 52(삼성동 한밭오피스텔 401호) |
| 전화번호 | (042)624-2980 |
| 팩시밀리 | (042)628-2983 |
| 카 페 | http://cafe.daum.net/gljang (문학사랑 글짱들) |
| 인터넷신문 | www.k-artnews.kr (한국예술뉴스) |
| 전자우편 | hs2980@daum.net |
| 계좌번호 | 농협 405-02-100848 (이헌석 오늘의문학사) |
| | |
| 공 급 처 | 한국출판협동조합 |
| 주문전화 | (02)716-5616 |
| 팩시밀리 | (02)716-2999 |

ISBN 979-11-6493-371-6
값 15,000원

ⓒ이준희 2025

\* 이 책은 ㈜교보문고에서 E-Book(전자책)으로 제작·판매합니다.
\* 잘못 제작된 책은 구입한 곳에서 바꾸어 드립니다.